AYITIMANYA

Tragédie Tropicale

Bito David

Remerciements spéciaux

à

Gérard Férère, Docteur en Linguistique

et à

L'Union des Professionnels de l'Education en Haïti (UPEH)

Bito David
HAÏTIMANYA : Tragédie Tropicale
AYITIMANYA : Trajedi Twopikal

Editions PerleDesAntilles
perledesantilles1804@gmail.com
ISBN-13 : 978-1467905077
ISBN-10 1467905070

Graphique de Couverture / Grafik kouvèti: Editions PerleDesAntilles
Dessins / Desen: Bito David
Arrangement / Aranjman: Editions PerleDesAntilles

Novembre 2009 – Novanm 2009
Nouvelle Edition / Nouvo edisyon : Novanm 2011
Boynton Beach, Floride/Etats-Unis D'Amérique
bitodavid@gmail.com
(561) 254-6043 / (509) 3116-8892

DÉDICACE

Pour tous nos sanbas qui chantent avec dévouement
Dans le rassemblement pour notre *konbit* de développement
Pour tous ceux qui ont le courage et surtout la bonne vision
Pour comprendre la réalité et combattre la division

Pour ceux qui veulent contribuer dans la bonne direction
Afin que nous puissions accomplir une meilleure action
Loin de notre ignorance et notre abomination

Pour vous tous avec beaucoup d'admiration

DEDIKAS

Pou tout sanba k ap chante chak jou ak devouman
Nan rasanbleman konbit devlopman
Pou sa ki gen repondong ak bon jan vizyon
Pou konprann reyalite n ak konbat van divizyon

Pou sa k vle ede kondi n nan bon direksyon
Pou n kabab rive akonpli pi bon aksyon
Wete n nan inyorans ak abominasyon

Pou noutout ak anpil admirasyon

PRÉFACE

Dès les premiers vagissements de notre jeune nation, le souffle puissant du patriotisme a manifesté sa forte présence dans les oeuvres de nos écrivains. Citons tout d'abord le premier chef-d'oeuvre de notre littérature nationale, la fulgurante *Proclamation du Général en Chef au Peuple d'Haïti,* rédigée durant une seule fiévreuse nuit par le génial Boisrond Tonnerre. Il est vrai que l'inévitable influence du romantisme qui dominait la scène mondiale en ce début du XIXème n'allait pas manquer d'affecter nos premiers auteurs. Certes, nos célèbres poètes d'alors, admirateurs des Musset, Lamartine, et Vigny, aussi bien que nos romanciers, ont été de fervents romantiques. Parmi ces poètes, citons Coriolan Ardouin, Pierre Faubert, Alibée Féry, etc. Cependant, quoique certainement romantiques, nos premiers et non moins célèbres romanciers, les Demesvar Delorme, Emeric Bergeau, Louis-Joseph Janvier, etc., ont très tôt introduit des thèmes nationaux dans leurs ouvrages. En effet, notre pays ayant pris naissance dans les circonstances héroïques que nous connaissons, il n'est guère étonnant que son expression littéraire n'ait pas tardé à se mettre au diapason, et à s'inspirer des hauts-faits de notre glorieuse histoire. C'est ainsi qu'on vit apparaître tour à tour plusieurs mouvements qui, quoique classés sous des titres apparemment différents : "Ecole Patriotique", "Ecole Nationale", "Ecole Indigéniste", "Théâtre Patriotique et National", etc… aspiraient tous à exprimer la seule et même fierté, et le même ardent amour de la patrie.

La poésie patriotique, en tant que genre purement haïtien, dès ses débuts au cours de la deuxième moitié du XIXème siècle, fut accueillie avec grand enthousiasme dans tous les cercles du pays. C'est ce courant qui nous a donné Alcibiade Fleury Battier dont l'oeuvre tout entière trouve son point de départ dans la beauté et la grandeur, les faiblesses et les problèmes d'Haïti ; Paul Lochard, poète qui s'évertue à évoquer les images des hommes de son pays et de leurs actions ; Oswald Durand, l'auteur de notre fameux Choucoune, peintre de nos montagnes, cascades, rivières, et de nos belles femmes ; Tertulien Guilbaud, notre poète épique par excellence ; Massillon Coicou et son âme angoissée ; Justin Lhérisson, l'auteur de notre Dessalinienne. Plus près de nous : Carl Brouard, Emile Roumer, Jacques Roumain, Félix Morisseau-Leroy, etc. C'est à cette école et sous les ailes de ces brillants aînés, qu'a fait son apprentissage de poète patriotique notre jeune contemporain Bito David.

Dans *Ayitimanya,* Bito pousse le cri de douleur du poète qui aime charnellement sa terre, qui est aussi la nôtre ; le cri de douleur de notre histoire, aussi bien que la détermination de l'auteur de protester et d'agir pour soulager la souffrance de la patrie. Il lui rend d'abord honneur, cette *Mater Dolorosa* qui a pour nom Haïti, et salue son étendard national. Mais il ne tarde guère à exposer devant nous l'étalage de nos échecs, et à fustiger ceux qui en sont responsables, ceux qui ont négligé l'éducation de nos jeunesses, ceux qui ont exploité sans pitié nos classes laborieuses, ceux qui ont livré notre patrimoine à l'étranger, ceux qui ont condamné nos sans-défense, sans jugement et sans recours. Bito devient ainsi la voix de notre conscience. En nous rappelant les circonstances glorieuses de la naissance de notre nation, il fustige nos interminables divisions fratricides qui ont causé et qui continuent encore à causer notre malheur, à ternir notre dignité, et à menacer notre existence. Tout en confessant la faiblesse du poète face à l'étendue de la tâche, Bito nous invite à l'ultime réconciliation nationale qui seule peut mener au sauvetage de la patrie en détresse.

Dr. Gérard Férère

PREFAS

Depi premye kout rèl ki te bay nesans a nasyon nou an, te genyen yon kokennchenn souf patriyotis nan zèv ekriven nou yo. Pou kòmanse nou kapab site premye chedèv literati peyi nou ki se « Pwoklamasyon Jeneral Anchèf la Bay Pèp Peyi Ayiti » ke jeni yo te rele *Boisrond Tonnerre* te ekri pandan yon sèl nuit. Se vre ke stil romantis ki t ap domine sèn mondyal la nan epòk la pa t manke enfliyanse premye ekriven nou yo. Selèb powèt sa yo nan peryòd la ki te konn admire *Musset, Lamartine*, ak *Vigny*, ansanm ak romansye nou yo, se te romantik fèvan yo te ye. Pami yo ann site *Coriolan Ardouin, Pierre Faubert, Alibée Féry,* elatriye. Sepandan, kwake yo te romantik, premye ekriven sa yo tankou *Demesvar Delorme, Emeric Bergeau, Louis-Joseph Janvier*, ak lòt ankò, te vin byen vit entwodui yon seri tèm nasyonalis nan sa y ap ekri. Li klè ke lè nou genyen yon peyi ki pran nesans nan sikonstans ewoyik sa yo, li pa etonan ke ekspresyon literè li byen vit jwenn enspirasyon nan gwo reyalizasyon istorik yo. Se konsa nou wè vin parèt youn apre lòt yon seri mouvman ki menm lè yo ba yo non diferan : « *Lekòl Patriyotik* », « *Lekòl Nasyonal* », « *Lekòl Endijenis* », « *Teyat Patriyotik ak Nasyonal* », elatriye, yo tout t ap chèche eksprime menm fyète a ak menm lanmou nou genyen pou patri nou.

Pwezi patriyotik, antanke yon stil pwòp a Ayiti, depi kòmansman l nan dezyèm mwatye XIXyèm syèk la, jwenn yon akèy cho tout kote nan peyi a. Se kouran sa a ki ba nou

Alcibiade Fleury Battier ki kòmanse zèv li nan chante bèlte ak grandè, feblès ak pwoblèm peyi Ayiti ; *Paul Lochard*, yon powèt ki te bay tèt li kòm misyon pou dekri imaj sitwayen peyi li ak aksyon yo; *Oswald Durand*, otè sipèb pwezi ki rele «*Choukoun*» nan, te konn dekri montay, kaskad, rivyè, ak bèl fanm nou yo ; Tertulien Guilbaud, yon powèt epik paekselans; *Massillon Coicou,* ki genyen nanm li angwase; *Justin Lhérisson*, ki te ekri *LaDesalinyèn* nan. Pi pre nou toujou genyen *Carl Brouard, Emile Roumer, Jacques Roumain, Félix Morisseau-Leroy*, elatriye. Se apati egzanp epi anba zèl premye ekriven briyan sa yo ke Bito David, yon jèn powèt patriyotik kontanporen, kòmanse fè aprantisaj li.

Nan *Ayitimanya*, Bito pouse rèl doulè yon powèt ki renmen peyi l nan nanm li; yon peyi ki se pa nou tou. Li pouse rèl doulè istwa Ayiti, anmenmtan detèminasyon l pou pwoteste epi aji pou soulaje soufrans li. Dabò li rann onè bay manman doulè sa a. Ansuit li salye drapo li. Men li pa pran anpil tan pou kòmanse ekspoze kantite echèk nou fè, fistije sa ki reskonsab yo, sa ki neglije edikasyon jenès nou an, sa ki eksplwate san pitye klas travayè nou yo, sa ki vann peyi nou bay etranje, sa ki, san jijman ak san posiblite rekou, kondane klas ki san defans yo. Nan sans sa a Bito se vwa konsyans nou. Pandan l ap raple sikonstans glorye ki te bay nasyon nou an nesans, li fistije divizyon pèpetyèl ant frè ak frè ki toujou ap kontinye koze malè nou, avili diyite nou epi menase egzistans nou. Pandan li rekonèt feblès yon powèt devan gwo travay sa mande pou amelyore sitiyasyon peyi nou, Bito envite n alafen a yon rekonsilyasyon nasyonal ki dapre li se sèl mwayen pou sove peyi nou ki an detrès.

Doktè Gérard Férère

AU SUJET DE L'AUTEUR

Bito David est actuellement un spécialiste en relations publiques et en communications multiculturelles pour le District Scolaire du Comté de Palm Beach en Floride.

Après avoir reçu un diplôme d'Ingénieur-Agronome de la Faculté d'Agronomie et de Médecine Vétérinaire (FAMV) en Haiti, il a émigré vers les Etats-Unis où il a continué ses études. Il a obtenu un diplôme en gestion administrative et une maitrise en éducation à Florida Atlantic University.

Presque toute l'expérience de sa vie professionnelle est dans le domaine de l'éducation dans lequel il a servi comme un pont de communication et d'information entre le système éducatif et la communauté haïtienne de la région où il vit. Il travaille à motiver l'engagement mutuel de tous les secteurs de la communauté, surtout les parents, dans le processus de l'éducation et milite pour la reconnaissance des contributions d'Haïti dans l'histoire de l'humanité et l'intégration de la culture haïtienne dans la célébration multiculturelle aux Etats-Unis.

Il a reçu en Mai 2005 le prix *Golden Achievement Award* de la *NSPRA* (*National School Public Relations Association*) en reconnaissance de ses initiatives et diverses activités pour promouvoir la célébration du Mois de l'Héritage Haïtien aux Etats-Unis, particulièrement dans le sud-est de la Floride.

Il a aussi reçu en mai 2008 le Prix de Service Distingué (*The Distinguished Service Award*) de *Toussaint L'Ouverture High School for Arts and Social Justice,* pour son service exemplaire et continu, son dévouement et loyauté dans l'exercice de sa fonction au service de sa communauté.

Bito David est l'auteur de plusieurs articles dans des revues et magazines locaux aux Etats-Unis, traitant des sujets relatifs à Haïti. Ses principaux domaines d'intérêts sont: l'engagement des parents dans l'éducation de leurs enfants, le rapatriement des ressources humaines haïtiennes, la participation citoyenne à la cause du développement d'Haïti, le développement d'un leadership visionnaire, compétent et intègre pour servir de levier d'émancipation pour la cause du développement en Haïti.

OSIJÈ OTÈ A

Bito David ap travay aktyèlman kòm espesyalis relasyon piblik ak kominikasyon miltikiltirèl nan Distri Lekòl Rejyon Palm Beach nan eta Florid.

Apre l fin resevwa yon diplòm kòm Enjenyè-Agwonòm nan Fakilte Agwonomi ak Medsin Veterinè (FAMV) nan peyi Ayiti, li pati pou peyi Etazini kote li kontinye etid li. Li resevwa yon diplòm nan jesyon administratif ak yon metriz nan domèn edikasyon nan *Florida Atlantic University.*

Li pase prèske tout eksperyans vi pwofesyonèl li nan domèn edikasyon kòm yon pon pou jere kominikasyon ak enfòmasyon ant administrasyon sistèm edikasyon kote li ap viv la ak kominote ayisyen an. Li travay pou motive angajman ak patisipasyon tout sektè nan kominote a, sitou paran yo, nan pwosesis edikasyon timoun. Li milite pou rekonesans kontribisyon Ayiti pote nan istwa limanite, epi pou entegrasyon kilti ayisyen nan selebrasyon miltikiltirèl nan peyi Etazini.

Li resevwa nan mwa me 2005 pri ki rele *Golden Achievement Award* nan men *NSPRA* (*National School Public Relations Association*) kòm rekonesans pou inisyativ li pran ak divès aktivite li akonpli pou pwomote selebrasyon Mwa Eritaj Ayisyen nan zòn sid-ès eta Florid.

Li resevwa tou nan mwa me 2008 'Pri Sévis Distenge' (*The Distinguished Service Award*) nan men *Toussaint L'Ouverture High School for Arts and Social Justice,* pou sèvis egzanplè li toujou bay, devouman l ak fidelite l nan egzèsis fonksyon l pou travay ak kominote li.

Bito David ekri plizyè atik nan revi ak magazin lokal nan peyi Etazini ki pale de sijè ki konsènen Ayiti. Sijè prensipal ki enterese li se: angajman paran nan pwosesis edikasyon pitit yo, rapatriman resous imèn Ayiti tounen nan peyi a, patisipasyon sitwayen nan koz devlopman Ayiti, devlopman lang kreyòl antanke idantite sosyolengistik pèp ayisyen devlopman yon lidèchip ki genyen vizyon, ki konpetan epi ki entèg kòm levye emansipasyon pou pèmèt devlopman Ayiti.

INTRODUCTION

AYITIMANYA, en plus d'une œuvre poétique, est une approche méthodique qui concilie l'expression du lyrisme patriotique et les aperceptions personnelles à une démarche rationnelle qui part d'abord d'un diagnostic, ensuite à la recherche des causes pour parvenir enfin à formuler des propositions pour des actions correctives. L'objectif est d'articuler une vision de solution en face de la désespérance collective qui marque le commun de nos compatriotes.

Elle est l'expression de la poésie patriotique. La preuve que le cœur peut toujours s'allier à l'esprit, l'émotion à la raison pour formuler des idées positives et judicieuses même quand elles frisent l'extrémisme et peuvent engendrer des controverses. L'œuvre se veut entre autre comme but, de démontrer que dans le métier de la gestion de la chose publique et des intérêts socio-économiques et politiques d'une nation, il est nécessaire d'avoir une vision, une passion et une vocation combinées.

Il faut à chacun une vision patriotique après avoir fait un mea culpa devant notre situation macabre en reconnaissant honnêtement sa part de responsabilité individuelle dans la déchéance sociale, politique et économique de notre pays.

Il faut réaliser que nous n'avons pas beaucoup à offrir et que victimes des tares de longue date dès nos plus anciennes origines transcontinentales jusqu'à nos relations, associations et négociations peu bénéfiques avec nos voisins contemporains, il nous faut redéfinir les lignes directrices qui constitueront les fondations de notre communauté.

Pour trouver la solution de nos maux, il nous faut prendre en exemple et comprendre les événements de 1791, 1803, 1804, 1806, 1915, 1957, 1986, 1991 et de 2004; bien saisir les raisons qui expliquent l'existence de nos analphabètes, nos chimères, nos boat people, nos brasseurs; savoir que le gang international ne nous accordera jamais aucune réelle opportunité et aucune chance sinon que des ajustements qui en fin de compte ne profiteront qu'à leurs économies si nous ne pouvons pas négocier avec dignité, intelligence et pragmatisme. Le nouvel ordre mondial étant ce qu'il est, nous devons d'abord resserrer nos liens par une réconciliation nationale pour combattre l'ennemi commun.

Nous devons combattre nos ennemis communs d'abord
Ensuite prendre tout le temps pour résoudre nos différences
Evitons nos perpétuelles orientations à tribord et à bâbord
Et de nos traditionnels donneurs de diktats les interférences
Rallions les éléments de notre troupe sous le même bastion
Enflammés par un commun désir d'affranchissement
Pour établir les bases structurelles de notre nation
Et rompre nos chaînes de sous-développement

Ayitimanya entreprend une démarche pragmatique par le biais d'un regard artistique pour expliquer les différents éléments qui contribuent à la dégénérescence de notre société : les événements que nous devons comprendre, les issues récentes, les nouveaux concepts sociaux et les clichés de notre jargon populaire à la mode qui traduisent le fond de nos comportements ordinaires de tous les jours, en tentant d'établir une connexion à un idéal d'émancipation.

ENTWODIKSYON

AYITIMANYA, anplis yon èv powetik, se yon apwòch metodik ki makonnen ekspresyon liris patriyotik ak pèsepsyon pèsonèl ansanm ak yon demach rasyonèl ki kòmanse ak obsèvasyon oubyen dyagnostik, pase pa rechèch koz ak konsekans pou rive nan fòmilasyon pwopozisyon pou koreksyon. Objektif la se pou eksprime yon vizyon solisyon devan dezespwa jeneral ki tabli lakay tout konpatriyòt yo.

Li se ekspresyon pwezi patriyotik, yon prèv byen klè pou montre santiman ki soti nan kè kapab marye ak lojik lespri pou rive fòmile ide pozitif epi rasyonèl, menm lè yo ekstrèm epi kapab mennen kontwovès. Yon lòt bi èv la se pou demontre ke nan metye jesyon byen piblik, enterè sosyoekonomik ak politik yon nasyon, li nesesè pou genyen alafwa yon vizyon, yon pasyon, yon konviksyon ak yon vokasyon.

Chak moun dwe devlope yon vizyon patriyotik pwogresis apre yo fin fè 'meya koulpa' yo devan sitiyasyon malouk nou ye, pou rekonèt pati responsablite pèsonèl yo nan decheyans sosyal, politik ak ekonomik peyi n.

Nou dwe reyalize ke nou pa genyen anpil pou ofri. Apre nou fin viktim koripsyon depi dikdantan kote nou soti, jiska move asosyasyon ak negosyasyon nou fè ak vwazen, nou dwe remete chita liy direktris ki pral tabli fondasyon debaz kominote nou.

Pou jwenn solisyon malsite n, nou dwe pran egzanp epi konprann evennman ane 1791, 1803, 1804, 1806, 1915, 1957, 1986, 1991, ak 2004 yo. Nou dwe rive konprann rezon ki eksplike nou genyen yon majorite pami nou ki analfabèt, chimè, botpipo, ak brasè. Nou dwe konnen byen ke gang entènasyonal la p ap janm ban n okenn bon opòtinite ak okenn chans, sinon fè nou aplike ajisteman ki ap vin benefisye ekonomi yo alafen, si nou pa konn negosye ak diyite, entelijans epi lespri pratik. Lè nou rive reyalize sa nouvo lòd mondyal la ye, kijan li opere ak kisa li vle akonpli, nou dwe wè nesesite pou mete men ansanm apati yon rekonsilyasyon nasyonal pou konbat enmi komen an.

Ann konbat ansanm enmi nou genyen ankomen anvan
Lèfini n a pran tan rezoud pwoblèm pèsonèl nou pi devan
Ann evite kontinye kondi bak nou san direksyon tribòbabò
Pou dejwe peyi ki nan afè nou toujou ap fè entèferans
Ann rasanble tout fòs nou nan yon menm konviksyon
Ak yon menm detèminasyon pou jwenn liberasyon
Pou rive tabli pou nasyon nou bon jan fondasyon
Epi kase chenn soudevlopman ak dominasyon

Ayitimanya se yon demach pragmatik apati yon koutje atistik pou eksplike diferan eleman ki fè sosyete nou an ap depafini: evènman nou dwe konprann, sijè resan yo, nouvo konsèp ak kliche alamòd nan lang natifnatal nou an ki tradui motif konpòtman nou chak jou; tout sa nan yon efò pou tante tabli yon koneksyon ak yon ideyal emansipasyon.

LISTE DES TITRES – LIS TIT YO

PREMIÈRE PARTIE : TEXTES EN FRANÇAIS

DEZYÈM PATI : TÈKS AN KREYÒL

PREMIÈRE PARTIE

TEXTES EN FRANÇAIS

AYITIMANYA

Dans le silence assourdissant de la nuit ténébreuse
Au loin retentit par moments l'intonation ensorceleuse
Du tam-tam *vodouesque* d'un culte mystique
Cérémonie de mon île qui manifeste sa culture magique

Dans mon esprit ces sons ont toujours les mêmes effets
Rappelant de mon comté les populaires couplets
Esclandres de ma ville et célébration d'une tradition
Qui dans mon expatriation ne trouvent aucune substitution

Dans mon sommeil je les entends et je me bouche l'oreille
Mon Haïti parle et sa longue lamentation me réveille
Et quand l'oiseau de minuit pousse son cri languissant
Sur mon lit allongé je ressens un frisson angoissant

Je me lève et contemple longuement de ma fenêtre
Le calme du panorama de cet exil pour un mieux-être
Pompeux quartier mais d'un silence qui me tue
Dans un pays où ma vraie humanité semble foutue

J'entends le charivari des villes et de nos champs
Des rires qui éclatent sur des lèvres à tout bout de champ
Transcendant la condition morose de cette vie renversée
Où tout s'exprime par une musique controversée

Si de la misère vous ne pouvez tolérer le bruit
De la bohême et du plaisir quotidien vous aimerez le fruit
Sons des *raras* et moqueries des joueurs de domino
Jeux de hasard vies de hasard dans une ambiance de casino

J'entends de nos villages les *jaseries* des commères
De nos marchés le tintamarre des commerçantes de misères
Et le ruissellement adoucissant de cette eau abondante
Où *Tezen*∗ jovialement passe sa journée trépidante

J'entends le vacarme des enfants qui jouent frénétiquement
Naïfs innocents ignorant de leur avenir le non-assurement
Et les refrains des braves paysans qui travaillent leur corvée
Chantant à l'unisson pour que leur récolte soit bien achevée

Par les tempêtes qui rendent notre mer mouvementée
Par le bruyant et majestueux torrent d'une *Artibonite*∗∗ agitée
Simbi la spirituelle maîtresse de toute onde féconde
Fertilise les étendues de nos plaines d'une source profonde

J'entends dans nos villages les chansons des contes le soir
Qui redisent les plus belles légendes de notre mémoire
Dans un décor sombre embelli par les lucioles virevoltantes
Images de notre nature et de nos histoires fascinantes

J'entends les engueulades de nos traditionnels politiciens
Ces invétérés baratineurs et superficiels dialecticiens
Et les revendications sans fin dans les tapages de rue
De notre troupe encombrante à l'attitude incongrue

Ce peuple à l'ardeur triomphante devant sa cruelle sentence
Résiste héroïquement aux défis qui menacent son existence
Cette horde farouche je l'entends qui pleure et qui rit
Exprimant la beauté de leur terre d'une peinture qui éblouit

Dans cette vision je contemple mon pays mon territoire
Et devant mes yeux grands ouverts défile tout le répertoire
De ses charmes de sa détresse sa magie et son envoûtement
Tout ce qui du rythme de mon cœur explique le battement

Haïti je goûte ta sève ton miel et tes élixirs enchanteurs
Je sens les parfums de ton atmosphère et de tes jolies fleurs
Un arôme délicat et d'autres odeurs aphrodisiaques
Qui n'ont de pareilles que les délices paradisiaques

Haïti terre profonde aux divas inspirées
Aux *sanbas**** délirants qui de leurs convoitises enfiévrées
Composent des rengaines qui mettent en transe la foule
A la fantasmagorique danse de cette misère qui les soûle

Haïti pays fascinant qu'on ne laisse pas
Mais qu'on emporte avec soi partout sur ses pas
Nostalgique d'une vie dont la simplicité
Fait prédominer le folklore sur la modernité

A ma terre au carrefour de sa destinée fatale
Abandonnée des dieux dans une gabegie monumentale
J'ouvre largement mon âme mon esprit et mon cœur
Mais sans le vouloir je me rends compte que j'ai grand peur

Haïti ma manie la seule réalité en qui je m'y fie
Haïti ma référence et tout ce à quoi je m'identifie
Reposoir de mes origines mon identité et mon appartenance
Tes mélodies dans mon cœur auront la plus forte résonance

Dans la légende haïtienne, Tezen est un poisson qui s'est lié d'amitié avec le personnage principal d'un des contes traditionnels du pays.

**Plus grand fleuve d'Haïti*

***Parolier, chanteur principal dans les prestations culturelles, musicales, religieuses en Haïti*

QU'AVONS-NOUS À OFFRIR

Nous n'avons pas beaucoup à offrir
Sinon que les peines qui nous font souffrir
Sur les écrans les images qui nous font blêmir
Sur les papiers les textes qui nous font pâlir
Reportant les tristes événements qui nous font frémir

Nous n'avons pas beaucoup à offrir
Sinon les critiques qui nous font ternir
Dans nos musiques les lyriques qui nous font gémir
Dans les débats les commentaires qui nous font flétrir
Racontant les antagonismes qui nous font périr

Une épique histoire
Cependant peu notoire
Dans nos rues des scènes d'abattoir
Et des communautés de misère noire
Où ne grandit plus aucun brin d'espoir

Notre vibrante flamme
Qui brûle les entrailles de nos femmes
Et meurtrit le fond de nos âmes
Nous remplit d'amertume et de blâme
Sans voir à l'horizon la fin de notre drame

Dans notre esprit il y a une vive fierté
Teintée d'équivoque et d'ambiguité
Qui ignore les plus grandes calamités
Qui saccagent nos villages et nos cités
Et augmentent jour après jour nos nécessités

Et nos grandes prétentions
Noyées dans de fausses illusions
Sont remplies de chimériques ambitions
Sans idées d'authentiques créations
Ni de profonde détermination

Et nos sincères pleurs
Du tréfonds de nos coeurs
Avec une triste et pénible langueur
Accompagnée de complaintes et de peur
Charrient de vaines rancoeurs

Nous n'avons plus beaucoup à offrir
Sinon notre humanité encore brandir
Espérant peut-être un jour grandir
Pour voir notre progéniture fleurir

POURQUOI FLOTTE CE DRAPEAU?

Cette pièce d'étoffe mal repassée
Du haut de ce mât complètement plissée
Qui jadis précédait les bataillons de notre révolution
Redonnant vigueur à leur farouche détermination
Pourquoi flotte-t-elle encore dans notre bastion

Autrefois symbole d'une terre de vaillants combattants
Qui ont lutté tambour battant
Et n'ont cédé à aucune négociation
Pour libérer leur territoire d'une injuste colonisation
Et leurs pieds des chaînes atroces de l'esclavage
Qui infligeaient à notre race un traitement sauvage

Demeure-t-elle encore l'étendard de notre liberté
L'enseigne qui exprime notre dignité
La bannière de notre bravoure et notre fierté
Et le pavillon de notre humanité

Plutôt que le traditionnel étendard
Portant haut et fier nos idéaux et nos standards
Elle semble aujourd'hui être un simple morceau de drap
Qui cache les crimes de nos vénérés malfrats
Les bévues de nos apprentis technocrates
Les incompétences de nos aristocrates
Et l'aveuglément de nos prétendus démocrates

Son histoire traduit nos antagonismes notoires
Une perpétuelle lutte entre le bleu et le noir
Et l'aberration d'un slogan mal adoptée
Ne s'appliquant à aucune de nos réalités
Sinon qu'à notre indépendance à peine méritée

Pourquoi flotte-t-elle encore dans nos cieux
Quand elle ne peut plus rallier dans le camp de nos aïeux
Nos contemporains partageant un même héritage
Mais qui plutôt s'exilent pour leur personnel sauvetage
Quand ils ne s'entretuent pour le legs ancestral

Pourquoi flotte encore notre drapeau national
Quand il ne nous apporte plus aucun respect international
Ne traduit plus aucun sentiment de patriotisme
Et aucun honneur devant le moderne Bonapartisme

Pourquoi flotte-t-il encore pardi
Ce bleu pâli
Ce rouge maudit
Ce noir en oubli
Et cet emblème en graffiti

LE GANG INTERNATIONAL

Autrefois uni pour la colonisation
Ensuite solidaire pour la pratique de l'isolation
En passant par les traitements d'humiliation
D'accords et d'échanges de mauvaises intentions
Pour nous faire aboutir à notre situation
Le gang international a toujours les adaptations
Pour maintenir la politique de domination
Et garder nos chaînes de perpétuelle aliénation

Cependant en nous lamentant sur notre condition
N'oublions pas que nous portons la répréhension
Qu'à côté de toutes les imaginables malversations
Que nous ont faites subir les puissantes nations
L'une des causes de nos amères tribulations
Réside dans notre traditionnel manque d'imagination
Notre incapacité d'établir nos propres institutions
Pour instaurer la base de notre propre civilisation

Qu'on nous ait imposé des modes de communications
Nous aurions dû redéfinir nos propres associations
Qu'on nous ait prescrit nos façons et nos méditations
Aujourd'hui affichons une farouche détermination
Contre le gang international et ses multiples machinations
Arriver à maîtriser la logique des interactions
Pour renverser la vapeur dans le sens de nos aspirations
Et satisfaire nos perpétuelles revendications

Le gang international aura toujours toutes les justifications
Pour renforcer son influence sur nos administrations
Par les plus répréhensibles stratégies et corruptions
Il engage nos dirigeants à des défavorables négociations
Il nous faut donc comprendre la logique de ces interactions
Faire équipe avec toutes les autres nations
Croupies dans le marasme et victimes de ces dilapidations
Pour définir contre ce banditisme un commun plan d'action

LES CHIMÈRES DE NOS PÈRES

S'ils nous font réciter le notre père
A cause du fantôme de l'enfer avoir peur
Et prier Marie notre sainte mère
Ce n'est pas par erreur
Ce sont nos sacro-saints pères
Qui évangélisent nos soeurs et nos frères
Et qui nous donnent des chimères
Au lieu d'apaiser nos douleurs
Et des affres de nos misères
Nous faire voir de plus sereines couleurs
Pour pallier nos souffrances les plus amères

Si nous ne pouvons attendre rien de meilleur
De ces êtres qui sont plutôt des prophètes de malheur
C'est parce qu'il nous prêchent toujours un vague bonheur
Et veulent nous convertir en simples adorateurs
Résignés de notre mauvais sort et vulgaires serviteurs

Ces directeurs de conscience et des pensées du coeur
Sont-ils réellement des sauveurs
Et de vrais confesseurs
Sinon que de fins et habiles calibreurs
Pour contenir notre société dans tous ses secteurs

D'autres parfois se transforment en commandeurs
Leaders dirigeants et véritables contrôleurs
Eloquents sermonneurs et audacieux radoteurs
S'entourant de pompeux sénateurs
Renommés pour être de célèbres flatteurs
Mais encore une fois et pour notre grand malheur
Ce qu'ils nous donnent ne sont que des chimères

En fin de compte toutes ces chimères
En théories évangéliques ou en personnes grossières
Que nous infligent nos vénérables pères
Ne profitent ni à nos soeurs ni à nos frères
Sinon qu'elles déchirent les entrailles de nos mères
Et empêchent nos villages d'avoir des personnalités fières

QUI A RESONNÉ L'ALARME

Qui a résonné l'alarme
Alors que nous sommes tous en larmes
Pleurant notre orgueil et notre fierté aujourd'hui périmés
Incapables de nous relever car étant si déprimés

Qui a résonné l'alarme quand nous avons tous abandonné
La bataille contre l'ennemi qui ne nous a pas pardonné
Et les challenges qui tiennent notre futur obscurci
Qu'à la rédemption il n'y aucun chemin raccourci

Arrêtez ce S.O.S. car nous nous sommes tous résignés
A quitter le combat pour avoir nos corps épargnés
Des supplices de la bravoure et des épreuves du courage
Puisque nous ne voulons souffrir aucun dommage

Cessez cet appel car nous sommes des sourds
Et marchons comme des fantômes et de gros balourds
Des aveugles ne pouvant se rendre compte de l'urgence
Et face à notre destin adoptant l'attitude de divergence

Qui a donc résonné l'alarme
Voulant relancer le vacarme
Nous n'avons plus rien à gagner d'aucun chambardement
Sur nos toits nous ne voulons plus de bombardement

Au bercail nous ne laisserons nos enfants retourner
Nous avions déjà tout fait pour contourner
Les problèmes et les obstacles qui défiaient notre nationalité
Et nous avaient poussé à l'étranger vers d'autres réalités

Sur les rives du terroir nous ne voulons plus accoster
Car nous craignons terriblement voir riposter
Le clan des ennemis qui nous avaient forcé à l'exil
Mettant notre intégrité en péril

Nous ne nous identifions plus au trame
Ni à la tragédie ni au drame
Que vivent nos compatriotes au beau milieu de l'Atlantique
Car étant tellement heureux dans le paradis de l'Amérique

Cessez donc ce vacarme
Ne sonnez plus l'alarme
Nous n'allons plus prendre les armes
Le temps n'est plus à raviver aucune flamme

LA MAJORITÉ SILENCIEUSE

Qu'elle nous flanque la paix la majorité silencieuse
Et continue à être des enfants de cœur à la conduite pieuse
Pour autant dans le temps qu'elle continue à exister
Les aberrations sociales ne feront que persister

Quand dans les cachots on tue nos militants et nos frères
Et on continue à kidnapper nos pères et nos mères
Les bouches soumises ne font que tolérer ces actions
Car ne faisant que de poltronnes réactions

Quand après avoir avili notre honneur
Notre attitude reste toujours conditionnée par la peur
Nous contribuons à faire perdurer le statu quo
Étant capables d'accepter quel que soit le quid pro quo

A l'abattoir sans cesse on nous conduit comme des brebis
Et comme eux nous acceptons les traitements subis
Craintifs et surtout abrutis par stupéfaction et méfiance
Ignorants à notre perte on nous fait mettre notre croyance

A l'aurore du temps cette foule non engagée n'existait pas
Il n'y avait aucune autorité pour nous faire marquer le pas
Dans les rangs des écervelés qui formaient les régiments
Car à l'époque c'était œil pour œil dent pour dent

Qu'un jour elle détache la boucle qui ferme son museau
C'est pour flatter les princes et bêler comme le troupeau
Pour entonner tous les chants de subordination
Aux symboles abrutissants et idéologies de résignation

Quand autrement elle imprime ses réflexions et ses pensées
Sa philosophie et toutes ses doctrines insensées
L'objectif n'est que pour perpétuer à évangéliser
Et sa progéniture s'assurer de la bien catéchiser

La majorité quand elle choisit de rester silencieuse
Se complait dans la société à jouer sa partition malicieuse
Qu'elle continue à se taire et s'écarte de notre milieu
Car avec elle aucune révolution ne peut avoir lieu

NOTRE AMAS INFERTILE

En aval du fleuve Artibonite
Se trouve une vallée fertile et de la nature bénite
Où se déposent les couches les plus fécondes
De nos sols entraînés par les courantes ondes

Le contenu que cette rivière emporte
Renferme ce que notre société comporte
Fertiles alluvions accompagnés de puants excréments
Amas d'éléments incapables d'aucun aboutissement

Si ce terrain est extrêmement riche et arable
L'extrapolation à tout le territoire n'est point semblable
Car l'effervescence des passions et des idéologies stériles
Nous retiennent encore dans nos attitudes puériles

Nous représentons un authentique champ de diversité
Combinant l'absurdité et l'irrationalité à l'ingéniosité
D'une aberration et d'un contraste dérisoire
Qui reflète le portrait du pays et son histoire

Chaque élément de notre quintessence est une sommité
Mais leurs contributions seront négatives dans tout comité
A la gestion du patrimoine commun longtemps à l'épreuve
Chaque jour nous constatons de leur grand échec la preuve

S'il est aisé de critiquer la masse pour son ignorance
La science de nos érudits n'en a aucune prépondérance
Pas une preuve de l'exemple d'un bon enseignement
Pour leur orienter vers un meilleur cheminement

A l'image de notre vallée aux agrégats les plus variables
Nos ressources humaines sont autant appréciables
Mais elles sont un amas qui mérite de nouvelles semailles
Agrémentées de débroussaillants pour isoler les canailles

Ainsi la semence jouissant d'une bonne sédimentation
D'un riche support qui garantit bien sa reproduction
Dans un plus grand noyau constituant son fondement
Sera le seul espoir qui renforcera notre épanouissement

JE MENAIS LA BONNE VIE

Je menais la bonne vie dans ma demeure en paix
Et me sentais heureux comme le plus simple portefaix
En restant bien en-dehors des conflits de la vie
Laissant à d'autres la barre qui contrôle notre survie

Je pensais que la bonne volonté
De nos dirigeants et des cœurs pleins de bonté
Assurerait l'équilibre de notre existence
Et nous permettrait de bénéficier d'une meilleure sentence

Des ressources de la terre je les vois accaparer
Se faire la part du lion et aucun profit séparer
Agrandissant chaque jour le nombre des dépendants
Qu'ils dominent par le biais des armées les commandants

Je menais la bonne vie et écrivais des poèmes
Vivant la béatitude de ceux qui vivent la bohème
Attisant chaque jour mon adresse avec ma plume
Ignorant les autres armes qui calmeraient mon amertume

Je vivais la bonne vie avec grand regret
De n'avoir pas toujours articulé un discours concret
Pour situer ma position dans ce monde antagoniste
Où chacun s'acharne à protéger son petit moi égoïste

Je vivais la bonne vie et critiquais les débiles ânons
Ceux qui docilement se laissent convertir en chair à canons
Sans réaliser l'abîme dans lequel ils se sont faits enfoncer
Leur empêche de voir le crime pour le dénoncer

Je menais ma vie dans un cadre qu'on a su bien élaborer
Pour m'orienter et me contraindre à bien collaborer
A la perpétuation de la situation de notre monde
Dans un petit confort loin de son odeur immonde

Je menais la bonne vie et vous invitais à la partager
Ignorant qu'à mon bien-être cela ne saurait avantager
Car elle résultait du legs de l'injustice et de l'exploitation
Et des connivences qui garantissent notre condition

LA MISSION DES INTELLECTUELS

La mission traditionnelle
De toute élite intellectuelle
Dans une société non fonctionnelle
Est de la libérer de la tutelle
Et de la situation qui la tiennent dans la poubelle
Des pages de l'histoire universelle

Etablir les fondements structurels d'une nation
Sur la base d'efficaces et solides institutions
Sont toujours dans le cadre du devoir
De ceux qui sont les nantis du savoir

Que nous ayons de sanguinaires chimères
Qui ne reconnaissent ni leurs pères ni leurs mères
Dans leurs exactions suite à leurs insatisfactions amères
Causées par les injustices de leurs congénères
Cela ne saurait justifier nos comportements primaires
Et nos attitudes à tout jamais débonnaires

Que notre majorité ait un déficit de connaissance
Et qu'elle agisse contre toute logique et bienséance
Victimes des combines et des éternelles manigances
Menaçant même de notre société l'existence
Cela ne peut justifier notre fuite et notre décadence
Si nous possédons au moins un minimum d'intelligence

La troupe est faite pour être modelée
Conscientisée éduquée et contrôlée
Formée et idéologiquement bien façonnée
Si on veut notre valeur nationale claironnée

Avons-nous une élite intellectuelle
Ou du moins sommes-nous tous dans la ribambelle
Des fanatiques sans vision rationnelle
Pour comprendre la nouvelle donne opérationnelle
Ne pouvant développer une méthode transformationnelle
Pour transcender notre épreuve conjoncturelle

Il nous faut savoir satisfaire les besoins de la troupe
Sur les plus forts chevaux savoir qui mettre en croupe
Donner le pain de l'instruction
Et les fortifiants de la nutrition
A tous les éléments de la faction
Si nous voulons un jour réussir notre révolution

Que nous pensons limités dans notre idéologie
Uniquement au sauvetage que la simple théologie
Offre pour pallier les maux de notre sol sous-développé
Ne fera que perpétuer notre médiocrité

Que nous croyons pouvoir facilement nous exiler
Fuir nos responsabilités et chez des voisins nous réfugier
Pour conserver notre peau et compromettre notre dignité
Par peur d'affronter les défis de notre société
Est bien une preuve d'extrême lâcheté
D'un déficit de personnalité et d'intégrité

Notre mission de têtes pensantes
Est de garantir le bien-être de notre population
Et ultimement empêcher que notre nation
Ne s'effondre totalement dans sa décadence rampante
Vers l'abîme de l'inhumanité et de l'irrationalité
Simplement par crainte de combattre nos rivalités

Il nous faut être capables de renverser la vapeur
Vaincre le système de pouvoir par la terreur
Redonner une fois pour toutes à la connaissance
Sur l'obscurantisme sa prédominance
Avant de penser à réclamer notre valeur
Et prétendre avoir une certaine grandeur

Notre mission à nous les intellectuels
Est de triompher des challenges circonstanciels
Qui constituent un freinage à tous nos élans d'émancipation
Renverser les conditions qui présentent une immobilisation
S'ajoutant à nos maux depuis l'indépendance
Pour nous contenir dans la subordination et la dépendance

AYITIMANYA

Tragédie Tropicale

CEUX QUI VIVENT DANS L'ENFER

Tous ceux qui vivent chaque jour dans l'enfer
Et qui survivent au jour le jour ce bras de fer
Résistant aux possibilités d'un exil échappatoire
Pour épouser une autre condition aléatoire
Trouvant encore du courage et de la détermination
Pour faire face à la dangereuse situation
Vous êtes comme d'autrefois nos vaillants preux
Ceux que nous sommes fiers d'appeler nos aïeux

Vous qui vivez continuellement coincés
Et qui avez vos êtres constamment menacés
Vous qui confrontez les angoisses de l'insécurité
Et qui ne pouvez même pas trouver de l'électricité
Marellant chaque jour entre cartouches et séquestration
Sans pouvoir compter sur le recours d'aucune institution
Vous êtes incontestablement les héros des temps modernes
Admirables exemples pour notre diaspora de subalternes

De votre territoire vous pouvez assumer la destinée
Endosser la décadence autant que la prospérité
Ce qui manque péniblement à nos fuyards
Et à nos traditionnels pusillanimes couards
Théoriciens de salon sur les sols étrangers
Ne se souciant que de garnir leurs garde-manger
Niant leur lâcheté par de superficielles justifications
Attirant tous les autres à suivre cette même destination

Vous qui combattez et qui un jour serez victorieux
Souvenez-vous de ceux qui n'ont pas été laborieux
Ceux qui en spectateurs vous regardaient trimer
Sans un jour leur désaccord oser même exprimer
Ceux qui en simples auditeurs captaient les tristes nouvelles
Et en opportunistes rêvaient de positions ministérielles
Ceux qui n'ont pas voulu participer à votre sacrifice
Et qui aspirent de votre victoire un jour jouir le bénéfice

Vous qui vivez dans l'enfer d'Haïti aujourd'hui
Il est certain qu'un jour vous récolterez le fruit
De votre ardent courage et farouche ténacité
Qui jadis nous ont donné notre chère liberté
Vous êtes les Toussaint les Capois et les Pétion
Ceux qui de notre dignité naguère gardaient le bastion
Des Dessalines et Christophe vous sortez de la même fonte
Ces vaillants à qui nous ne pouvons penser sans avoir honte

BOAT PEOPLE

Ces pionniers du marronnage moderne
Dont l'attitude semble toujours défaitiste et sans gouverne
En retournant à leur terroir le revenu de leurs sacrifices
Sont comme les héros qui bâtissent les plus grands édifices

Si notre terre aujourd'hui peut encore être en subsistance
C'est grâce à leur détermination et leur résistance
Le salaire de leur travail dans les conditions les plus atroces
Après avoir fui leur pays à cause des dictatures féroces

En abandonnant leur foyer natal et sacrifiant leurs familles
Pour s'aventurer en haute mer sur de fragiles flottilles
Ils se sont résignés à faire de leur vie l'ultime offrande
Immolation dont on ne saurait leur en faire la demande

Sur les rives étrangères quand arrivent leurs embarcations
Elles suscitent toujours des hostiles réactions
Ces chercheurs d'opportunités sur les fiefs internationaux
Reçoivent toujours mauvaise presse dans tous les journaux

Beaucoup ne réussissent pas le périple de leur traversée
Et disparaissent sans dossier dans les eaux bouleversées
Noyant au fond de l'océan leur rêve d'une meilleure vie
Et pour leur progéniture une dernière chance de survie

En fuyant l'oppression pour une meilleure condition
Ils apportent avec eux la plus farouche détermination
Celle de suer pour contribuer à soutenir leur postérité
Au détriment de leur dignité et leur respectabilité

Dans la diaspora leur cohorte est traitée comme accessoire
Même en travaillant ardemment elle ne mérite aucune gloire
Cependant leur solde aide à l'alimentation de notre nation
Ce territoire que nous voulons revendiquer comme bastion

S'ils sont loin d'être de ces intellectuels de grand calibre
Et ont souvent leur esprit et leur éducation en déséquilibre
Leur contribution à la cause de la survivance nationale
A beaucoup plus d'impact qu'aucune oeuvre doctrinale

Dans le budget local leurs apports inestimables
Garantissent à notre population les besoins inaliénables
Et quand il n'est au trésor public une source de rendement
Il enrichit les poches des barons du haut commandement

Enfin ces valeureux par leur sacrifice pour notre nation
Représentent une fontaine d'espoir et d'inspiration
Bravant les dangers et menaces des puissances dominatrices
Pour rapatrier nos biens volés par les nations colonisatrices

MON NOUVEL ORDRE MONDIAL

Pourquoi suis-je né sans aucun bien légal
Et dès mon premier souffle de mes jumeaux être inégal
Quel est donc cet environnement où le souverain horloger
Dans sa sagesse ultime a daigné m'envoyer
Quand en innocent n'en avoir jamais fait la requête
Je me vois condamné à toujours faire la quête

Quand dans le monde un temps j'ai vu le jour
Ne devrait-il être une garantie de bonheur pour toujours
Qui donc a su si habilement falsifier mon devenir
Et dès le début compromettre tout mon avenir
En pensant profondément je crois à l'ultime aventure
Pour garantir à mon être sa sublime nature

En investiguant mon terrain je ne vois que des crocs
Et sur mon chemin ne se trouvent que des chocs
Des systèmes qui conditionnent ma dépendance
Et sur ma route posent des embûches à mon intelligence
Des trocs très compliqués dans l'économie de la vie
Dont les négociations ne garantissent pas ma survie

Dans mon rêve la nuit je souhaite le schisme
La déchirure de ce système de capitalisme
Où le contrat social qui ignore ma signature
Facilite seulement aux rusés une riche pâture
Règlementant tous mes jours et à toute heure
A un éternel service d'exploitation et de dur labeur

Je rêve au jour du chambardement
Quand l'ordre global sera sous un autre gouvernement
Qu'il soit le règne du messie ou autre forme de prophétie
Le compte de la vie verra sûrement sa charge raccourcie
Dans l'enfer le purgatoire ou le bonheur du paradis
Je dormirai alors plus paisiblement dans mon taudis

Je voudrais voir le temps où la logique de la chronologie
La hiérarchie du pouvoir et toutes les formes de théologie
Succomberont aux vraies revendications de liberté
Pour un réel établissement d'équité et d'égalité
Mais en plein éveil je cultive les vertus de la bonté
Avec l'amertume de ne rester qu'une âme de bonne volonté

MA VISION PATRIOTIQUE

Mon interprétation de notre condition tragique
Ou mes spéculations qui traduisent mon élan patriotique
Seront toujours loin des explications traditionnelles
Et des excuses à tout jamais conventionnelles
Qui n'ont jamais bien expliqué notre situation critique
Et nous empêchent de transcender notre vieille polémique

Quand après 200 ans nous sommes encore dans un marasme
Et régurgitons toujours des mesures et idées de fantasme
L'évidence est grande que nos manières ont échouées
Et qu'à d'autres inspirations nous devons être dévoués

Il est incontestable que deux maux ne font pas un bien
Et nos chamailleries intestines ne renforceront pas notre lien
Ce qu'il nous faut c'est une intelligente vision
Qui guidera notre parcours au-delà de l'illusion
Et qui se concentrant sur une progressiste mission
Garantira à notre nation une future rémission

Il nous faut cesser de sous-estimer l'ampleur du problème
Admettre que pour ne pas éterniser nos attitudes de bohème
Il faut révolutionner notre système d'enseignement
Par un curriculum d'appartenance de fierté et d'engagement

Nos origines sont loin d'être sur une assise commune
Car ayant été du colonisateur l'astuce opportune
Pour brouiller les bases qui permettraient d'établir l'union
Qui cimenterait notre pacte pour une sublime communion
Nos différences malgré notre appartenance à une même race
Sont un fardeau faisant planer sur notre avenir une menace

Quand au début nous n'avons pas établi notre fondement
Des opportunistes ont profité pour batir leur soubassement
Remplaçant à notre insu le contrôle colonisateur brutal
Par la domination économique et l'asservissement mental

La circonstance historique qui expliqua notre union
A vite fait place à l'absence complète de toute communion
Quand après avoir brisé les chaînes de l'esclavage
Nous n'avions pas tardé à rétablir nos facteurs de clivage
Nous condamnant à passer l'essentiel de notre temps
A une éternelle lutte fratricide qui a duré trop longtemps

Si à l'Amérique un temps nous avions inspiré la liberté
Copions aujourd'hui les démarches d'autonomie et de fierté
Le refus de négocier pour toujours devenir des handicapés
Et s'inscrire dans la liste des états sous-développés

Il faut penser à intégrer la masse de notre démographie
Dynamique mais souffrante d'une académique dystrophie
La bonne stratégie serait d'arriver à tempérer leurs chimères
Satisfaire leurs besoins et pallier leurs souffrances amères
Tout en utilisant leur détermination à des fins utilitaires
Car en fin de compte ce sont nos ressources majoritaires

Laissons le temps faire la décantation
En factorisant les variables à expier dans notre équation
Attaquons nos réels maux au lieu de pallier les symptômes
Résolus à ne plus perdre notre temps à chasser les fantômes

Un noyau de visionnaires manque à notre bataillon
Des penseurs habiles et compétents pour mener la légion
Des pragmatiques qui nous diront que le cas est macabre
Et ne se complairont pas uniquement à de vaines palabres
Mais plutôt utiliseront leur imagination créatrice
Pour planifier notre sauvetage par une stratégie rénovatrice

A la politique il est supportable que toute la foule s'adonne
Pourvu qu'elle comprenne bien la nouvelle donne
Mais il faut bien réussir à la cheminer sur la bonne route
Afin qu'elle ne nous enfonce dans la banqueroute

Après une refonte nous devons étendre nos institutions
Etablir les structures nécessaires à la décentralisation
Réhabiliter la situation de nos communes les plus reculées
A partir d'une formule et une méthode bien articulées
Pour établir le modèle idéal que nous voulons accomplir
Dans le cadre de la mission collective à remplir

Si nous pouvons assurer l'intégrité de notre cohorte
N'ayons pas honte de demander aux voisins la main forte
Pouvant bénéficier d'eux la coopération et l'expérience
Et surtout la communication des nouveautés de la science

Nous devons prendre conscience que notre rédemption
Si nous nous attelons objectivement à son application
Ne se réalisera pas au cours de notre génération
Préparer la relève pour la continuité de notre plan d'action
Car notre vocation de bâtisseurs de nation
Ne peut être la satisfaction de nos individuelles aspirations

Il faut redéfinir le fonctionnement de notre société
Sur la base de la productivité l'efficacité et la responsabilité
Adapter la justice à des fins de contrôle du pouvoir
Au lieu de la mettre aux enchères des nantis de l'avoir

Pour une vraie réconciliation il nous faut un pacte national
Sans ingérence ni diktat du monde international
Renouer avec notre fraternité pour un bon redémarrage
Afin d'être plus fort pour vaincre de l'adversité le barrage
Il faut résister à la stratégie de diviser pour régner
Et notre farouche cohésion révolutionnaire d'antan regagner

Au sacrifice et au dur labeur nous devons nous engager
Et la souffrance collective être prêts à partager
Du dépassement des ego en comprendre la nécessité
Remplacer notre ignorance par une claire perspicacité

Nous devons allumer une flamme différente
Car l'ordre mondial demande une tactique plus efficiente
Certes aujourd'hui nous n'allons pas réinventer la houe
Mais admettons après tout que nous sommes dans la boue
Et qu'un réveil national est actuellement nécessaire
Pour ne pas être condamné à notre existence sous primaire

AYITIMANYA

Tragédie Tropicale

LA RÉCONCILIATION NATIONALE

Qu'elle accède au pouvoir par voie de référendum populaire
D'un choix consensuel ou d'une élection majoritaire
La nouvelle direction du pouvoir aura une lourde mission
Qui sera celle d'établir la base de notre future rémission

Le premier pas sera de réconcilier la nation avec elle-même
Transcender les divergences qui entravent notre système
Rassembler tous les secteurs autour d'une même table
Sans leur raconter aucune fausse histoire et aucune fable

A la politique partisane il faudra abjurer
Placer comme priorité l'intérêt collectif à protéger
Partager les positions entre tous les prétendants capables
Sans à priori estimer qu'ils sont improbes et coupables

A ce dangereux carrefour de notre histoire nationale
La réconciliation est de mise et d'importance vitale
Car les expériences de cavalerie sectaire ont toutes échoué
Laissant notre rêve de changement pour toujours bafoué

A la chasse aux sorciers il faudra démissionner
Car honnêtement s'il faudrait tous les fautifs condamner
Nul d'entre nous n'aurait le droit de jeter la première pierre
Etant tous responsables du sort de notre patrie-mère

Que nos candidats soient des ravitailleurs en politique
Comprenons donc du phénomène la raison économique
A la stratégie de brasseurs ils ont eux aussi l'esprit ouvert
Sinon qu'ils ne peuvent le faire à découvert

Il est évident qu'une nation à tout jamais divisée
En aucun cas ne saurait avoir une bonne visée
Il faut donc un leadership pragmatique
Pour arriver enfin à en comprendre la logique

Après la course célébrons tous les prétendants
Sans officier uniquement la victoire des gagnants
Remanions notre constitution sans euphorie d'exclusion
Dans une harmonie de toutes les notes de leur partition

Pour une bonne réconciliation il faudrait un pardon
Et aussi le partage du savoir à ceux qui n'ont pas le don
Pour les rendre plus compétents à servir la cause
Sans les discriminer et les extraire de la clause

La nouvelle équipe dès son accession aura cette charge
De réconciliation de structuration et de décharge
Pour placer notre société sur les rails du progrès social
Car il faut prendre dans notre histoire le tournent crucial

L'ÉVANGILE SALVATEUR

J'ai vu Gros Jean un matin au-devant d'une église
Adorer et implorer avec ferveur et l'âme éprise
Les images religieusement posées sur des blocs de ciment
Et par la suite s'en aller vers sa demeure gentiment

Il pensait dans son esprit que ses sincères implorations
Ouvriront les portes qui satisferont ses aspirations
Et quand en bon enfant il suivait la prescrite façon-d'être
Son attitude garantirait bientôt son bien-être

A ses côtés ironiquement n'étaient que ses semblables
Des ratés des fauchés des écervelés et vulgaires minables
Chantant à l'unisson le refrain de l'espérance
Dans les livres où est imprimée leur croyance

A l'opposé sur l'autel de la rédemption
Etaient des personnages d'une bien autre congrégation
Les meneurs les formateurs et les directeurs de conscience
Ceux qui dans l'art de charmer les foules ont la science

Je me disais perplexe si dans les expériences antérieures
Les légions exploitées et traitées en inférieures
Si elles passaient leur temps à attendre du ciel la manne
Elles auraient encore leur système en panne

L'évangile salvateur qui convient à la jeunesse montante
Devrait raviver chez les démunis une flamme militante
Des dogmes établis sur la base de leurs réalités quotidiennes
Pour les réhabiliter par des mesures draconiennes

L'évangile qui libérera le prolétariat n'est pas dans la bible
Sinon à l'exploitation elle ne serait pas compatible
Qu'on fouille les livres de sagesse ou explore le koran
Ces orthodoxies sont élaborées selon la vision du tyran

L'évangile salvateur sur base de règles révolutionnaires
Doit être la propagation de vérités doctrinaires
Qui vulgarisent les vrais idéaux de pure liberté et d'égalité
Où chacun trouvera son espace de fierté et d'intégrité

NÉGOCIER AVEC DIGNITÉ

Nous qui demain aurons à négocier
L'avenir de notre pays et des contrats apprécier
Sachons que le temps n'est plus à marchander
Son intérêt pour les faveurs que nous voulons quémander

Nous qui les prédécesseurs voulons imiter
Et comme des vendeurs de patrie toujours nous comporter
Sachons que les paris aujourd'hui sont plus dangereux
Et que la situation courante présente de plus grands enjeux

Nous que les étrangers veulent leur bien imposer
Sachons dire qu'à notre avantage il faut aussi composer
Et que notre peuple a aussi des intérêts inaliénables
Qu'il faut considérer comme conditions incontournables

Il est évident qu'à l'échange nous n'avons aucun avantage
Et que toujours nous aurons à faire face au chantage
Toutefois vendre notre conscience et le profit national
Doit être banni dans notre commerce international

Mettons bien clairs tous les contrats à discuter sur la table
Et assurons-nous que dans le dernier rapport comptable
La balance ne nous effondre dans l'endettement
Qui fera empirer notre état de sous-développement

Utilisons nos compétences pour débattre notre devenir
Car pour entretenir nos négoces il faut bien convenir
Si à la pauvreté matérielle nous combinons celle de l'esprit
Notre choix ne sera qu'à appliquer ce qu'on nous prescrit

Assurons-nous que les accords bénéficient notre population
Qu'ils garantissent aux démunis une meilleure ration
Et qu'en repayant la dette et ses multiples intérêts
Soyons confiants de pouvoir assumer d'autres prêts

Négocions donc une fois pour toutes avec dignité
Evitons de quémander et compromettre notre humanité
Quand à nos futures générations l'histoire rendra compte
Evitons la honte posthume devant le décompte

PROMESSE D'UN EXILÉ NOSTALGIQUE

J'avais fait une promesse à la vie
De lui laisser commettre ses tragédies
Sans un jour ne jamais frémir
Et surtout ne jamais gémir

J'ai réalisé que j'avais tort
Que les désastres les misères et la mort
Peuvent nous donner beaucoup de remords
Et changer la valeur de nos trésors

Les simples insatisfactions qui ont un lourd fardeau
A notre bien-être ne font aucun cadeau
Et sur la scène de notre vie jettent un rideau
Qui obscurcit notre vue d'un sombre bandeau

Nos échecs annihilent notre espérance
Et malheureusement nous font penser à outrance
Que notre longue mésaventure et notre souffrance
Dureront aussi longtemps que notre persévérance

La faiblesse de nos sentiments
Ajoutée à la débilité de notre entendement
Condamnent notre détermination à aucun aboutissement
Sinon qu'à la restriction de nos accomplissements

J'avais fait une promesse à mon sort
Que je ne lui donnerais jamais tort
Et que je me réfugierais dans un fort
Oublieux et heureux dans un tranquille confort

J'ai réalisé mon faux pas fondamental
Ressentant que la nostalgie du pays natal
Ne peut me garantir aucun bienfait mental
Autant que je vivrai dans cet exil fatal

J'avais pris une décision drastique
Que je m'éloignerais des passions fanatiques
Utilisant à bon escient une rationalité pratique
Pour mon équilibre dans les moments critiques

J'ai réalisé que les pincements du coeur
Les exploitations les limitations et les rancoeurs
Continueront toujours à nous faire peur
Et contribueront ultimement à notre malheur

J'avais établi autour de moi un bouclier
Convaincu qu'une fois avoir passé l'arbre du sablier
Il m'avait fallu automatiquement tout oublier
Evitant des réalités de mon terroir entendre publier

J'ai réalisé qu'autant de machinations
Qui bouleversent notre personnalité et notre nation
Ne sauraient ne pas apporter de lamentations
Et maculer nos jours de sévères aggravations

J'ai vu que notre ajustement autant bien calculé
S'inscrit dans un cadre qui est loin d'être immaculé
Et qu'à force d'être jour après jour constamment acculés
Il nous faut définitivement choisir de n'être plus attelés

AYITIMANYA

UN NOUVEAU CURRICULUM ÉDUCATIF

Pour bien éduquer une nouvelle génération
Et la mettre à l'abri de notre intellectuelle dégénération
Il nous faut un nouveau curriculum éducatif
Qui donnera à notre formation médiocre un choix alternatif

Nous formons toujours des cerveaux pour l'étranger
Sans connaissances qui leur permettent d'aménager
Leur territoire qui a beaucoup besoin de leur expertise
Leur savoir leur compétence et leur matière grise

Il nous faut un nouveau curriculum éducatif
Plus approprié et dans le sens de notre intérêt collectif
Qui enseignera le sentiment d'appartenance et le civisme
A notre génération montante en dette de patriotisme

Il nous faut réviser le contenu de nos ouvrages
L'épurer des éléments qui à notre culture font ombrage
Et nous apprennent beaucoup plus des villes de la France
Qu'ils ne sachent au sujet de la commune de Plaisance

Nos valeurs nationales y doivent être exacerbées
Nos croyances et identités culturelles démystifiées
Y compris notre langue notre folklore et notre religion
Et tout ce qui représente les caractéristiques de notre légion

Notre éducation doit renforcer notre contrat social
Former des dirigeants en adeptes de ce dessein crucial
Qui s'engagent et qui comprennent les devoirs du citoyen
Se servant de la loi comme boussole et comme bon moyen

En plus des rudiments de la lecture et de l'arithmétique
Nous devons enseigner les principes de la gestion politique
Tout ce qui justifie le droit et le respect d'un pacte commun
Qui dans une société assure un compagnonnage opportun

Dès l'enfance nous devons commencer l'endoctrinement
Des citoyens vers l'allégeance à un idéal de développement
Tout en protégeant les idéaux de la liberté de pensée
Il faut poser les jalons qui limiteront toute manière insensée

Nous avons besoin d'un nouveau curriculum éducatif
Car en fin de compte la domination de l'esprit imaginatif
Par l'enseignement comme outil de sujétion mentale
Est de notre arriération une cause fondamentale

LA CONTAGION PHILOSOPHIQUE

Brassens a essayé par sa guitare
Et par ses textes très peu patriotards
Nietzsche en est mort à l'écart
De la raison et surtout du bon art
Du monde conventionnel et de ses tares
Pour avoir brandi d'autres étendards

Je suis moi aussi atteint de la contagion
De cette maladie qui détruit la légion
Des rêveurs illusionnistes de la région
Qui n'ont pas suivi la sacro-sainte religion
Et qui au lieu de se comporter en fidèles pions
Ont préféré illuminer brillamment leurs lampions

Des misères internes et de la grande souffrance
Qu'infligeait à leur âme leur ignorance
Ils ont libéré leur esprit de la dépendance
Et aussi de l'évangile qui a fait avec outrecuidance
Domicile dans beaucoup de cerveaux en abondance
Ils n'ont eu crainte d'aucune forme de transcendance

Sur leur piste je vois le parcours de ma vie
Epris de la rectitude de leur philosophie
Car assoiffé d'une sagesse toujours inassouvie
Je ne veux souffrir d'aucune atrophie
Préférant ainsi chercher ma survie
Dans une plus profonde source d'eau-de-vie

Au conventionnel je ne veux point m'astreindre
Refusant toujours qu'on me force à peindre
La réalité en images taboues qu'il faut craindre
Dans le but d'arriver ultimement à contraindre
L'espèce humaine à toujours se restreindre
Pour ne jamais les hauteurs de la raison atteindre

Au péril de la condamnation assurément je m'expose
Déclinant constamment de permettre qu'on interpose
Entre les dogmes et les idéologies que j'oppose
Aucune doctrine pour que la société m'impose
Car mes pensées personnelles enfin je suppose
Valent mieux que les préceptes qu'on me propose

MA POÉSIE C'EST MA VIE

Ma poésie c'est ma vie
C'est l'histoire de ma survie
Dans les spéculations d'un monde extraordinaire
Où je plane bien haut dans l'espace de l'imaginaire

Ma poésie c'est ma vie
Elle est ma source d'eau-de-vie
En dehors de quoi je n'ai nulle autre envie
Sinon le stimulus de ma pensée toujours ravie

Ma poésie est l'hymne à ma terre que je rêve embellie
Si elle est une coupe je la boirai jusqu'à la lie
Mon lyrisme mon souffle et ma passion
L'expression de mes sentiments et ma compassion

Ma poésie c'est ma vie
Avec elle au grand vol je vous convie
Évadant pour un temps les réalités coutumières
Pour des balades beaucoup moins familières

Ma poésie c'est ma vie
C'est l'histoire de ma survie
Mon seul recours dans l'enfer de mon exil
Où mon entendement confronte son plus grand péril

Ma poésie est le combat contre mon esprit l'atrophie
Ma manière d'exprimer la matière de ma philosophie
Mon goût de la vie et mon amour pour mon pays
Sans ignorer les trésors de son arrière-pays

Ma poésie c'est ma vie
Satisfaisant l'ardeur de ma pulsion inassouvie
En exprimant de mon cœur la nostalgie
Mélancolie de mon terroir la folle magie

Ma poésie c'est l'idéal de ma vie
Où j'extériorise ma profonde synovie
Mon aspiration de bien-être pour ma patrie
Pour laquelle j'éprouve la plus intense idolâtrie

CONSTAT D'ÉCHEC ET DE RÉUSSITE

Après avoir tant écrit
Et contemplant ce qui fermente encore dans mon esprit
Je conclus que mon intellect ne saurait être compris
Et que mon ignorance semble être l'explication du mépris

Quatre-vingt-dix pour cent de la population universelle
Ont leur discernement et leur esprit sous tutelle
Comme moi ces éléments de la gens terrienne ont échoué
Et auront toujours leur intelligence bafouée

En les voyant bien vivre et satisfaire leur instinct
Je me dis que je ne devrais avoir aucun principe distinct
Qu'il vaut mieux s'accommoder et vivre la vie
Heureux que nos maîtres nous aient accordé la survie

Dois-je renoncer à ma vision libertaire
Et regagner l'école de la simple attitude débonnaire
Faut-il enfin que je corrige mon langage non conventionnel
Pour adopter un discours beaucoup plus rationnel

Je constate mon échec mais aussi de ma folie la réussite
Et comprend les frustrations que ma situation suscite
Pour tant de reflexions et de spéculations dans l'imaginaire
Les géants de la terre me ravalent à une existence ordinaire

Qu'a-t-il de valable dans ma vision anarchiste
Dans mes idées hasardeuses et mon attitude putschiste
Si ces idéologies aussi extrêmes que chimériques
Ne trouvent aucun écho dans nos doctrines patriotiques

En échouant cependant j'ai réussi mon pari
Puisque mes idées ne me sont pas imposées manu militari
Et ma conscience n'endure le poids d'une charge importune
Car aux dépens des autres je n'ai bâti une mauvaise fortune

Mais de la situation actuelle je rêve encore l'apocalypse
Qu'elle soit biblique ou de nos injustices une éclipse
Le dénouement de l'histoire éternelle conclura finalement
La raison de l'existence de la bêtise et du bon entendement

Après avoir tant écrit
Je dois maintenant terminer mon manuscrit
Ci-gît le répertoire des idées et de la philosophie
D'un cerveau qui a tout fait pour combattre sa dystrophie

DEZYÈM PATI : TÈKS AN KREYÒL

AYITIMANYA

Tragédie Tropicale

29 FEVRIYE 2004

Lè yon rejim popilis viktim maladi sifilis
Nan yaya tribòbabò ant lide komilis
Ak enfliyans ideyoloji kapitalis
Nou regrèt li pa t gen yon bon jan milis
Ak yon filozofi ki ta kapab chase tout malis
Pou ede n fè tout Bouki tounen Malis

Nan sèvi ak estrateji fòlklorik ak move pratik
Pale pawòl jagon ze kalanderik
Zòt ki te ba n espwa pwofetik
Kite n nan mizè travay di kou bourik
Pou kontinye trajedi malsite n depi lafrik
Nan yon sitiyasyon k ap vin chak jou pi kritik

Yon tòti ki pa t janm nan kous
Bridsoukou Tonton Sam ba l yon bous
Pou vin plante sou bitasyon n mayi dous
Ak pretèks pou rebati teritwa n pous pa pous
Men fout ann ret trankil tann soukous
Anvan n trangle nan manje kouskous

Lespwa chanjman ki dwe pase pa yon pwofèt
Ap fè n toujou ret mal kèlkeswa sa k ap fèt
Kit se premye minis oswa wa ki alatèt
N ap toujou ret dèyè san lapè nan tèt
Nan aplikasyon modèl administrasyon mal fèt
Teknokrat demokrat ak politisyen tèt mazèt

29 fevriye 2004
Se echèk mouvman popilis tankou 1804
Gwo pataswèl enjerans politik kòmsi n se ti katkat
Ki sèlman konn ekri revandikasyon sou pankat
Men nou pa dwe pou sa reziye n pèdi lakat
Paske yon jou kanmenm n ap montre yo de e de fè kat

LIBÈTE LAPAWÒL

Yon pèp ki chante kou wosiyòl
Lè l rive pran libète lapawòl
L ap toujou pi fò nan radyo dyòl
Pou fè bri tankou lapli sou do kay tòl

Sosyete ki gen tradisyon sanba
Pa p janm aksepte bat ba
Pote bannmachwè jouk sa kaba
Sitou lè l wè yo toujou vle ba l koutba

Si yo pa jwe pyano ak vyolon
Pifò nan yo se gwo majò jon
Ki konn jan pou fè tonbe daplon
Revandikasyon yo ak bon jan son

Nan kout banbou ak vaksin
Yo konn fè bon jan mizik rasin
Pou montre yo toujou kanpe kin
Tankou peyizan k ap voye kout derapin

Si yo pa jwe konsè sou gwo podyòm
Sa pa vle di pou sa yo pa kòdyòm
Pou pran lespri yo mete anba valyòm
Fè yo viv tankou moun ki san dekowòm

Libète lapawòl pote chante liberasyon
Pawòl piman bouk pou bay refleksyon
Diskou danjere ki kapab mennen aksyon
Andefavè sa yo ki toujou nan bèl sitiyasyon

Kidonk noumenm ki nan pozisyon dirijan
Li lè li tan pou n deside fè yon jan
Konprann titoya lepèp toujou ap voye angranjan
Paske se pa tout tan y ap dakò rete tankou Gwo Jan

Libète lapawòl se mikwo demokrasi
Pou pèp denonse baryè biwokrasi
Ki bare yo lawout pou pwoteje move aristokrasi
Nan vye sistèm politik eksklizyon ak otokrasi

REZOLISYON POU CHANJMAN

Rezolisyon nasyonzini mande
Mete tout ayisyen sou ran depade
Mache kou tibebe k ap fè de
Pou toujou chita ap jebede

Se papye akò imilyasyon
Pou pèp ki pa kab pran desizyon
Trase bon chemen revolisyon
Apre yo fin ekri yon konstitisyon

Se entèvansyon òganizasyon eta ameriken
Ki vle toujou aji kòm vye kamoken
Ki lè yo bezwen chanjman chwazi estrateji reken
Nan gwo lòbèy deblozay ak koken

Yo vle n aji tankou pèp sivilize
Ki konn chita sou tab manje omlèt ki fèt ak ze
Fè bèl negosyasyon san krazebrize
Pou ansyen jwisè toujou kapab boloze

Se akò pou antant ant de bèt sovaj
Lè yo fèmen ansanm nan menm kaj
Pou mèt yo rive evite gen ravaj
Separe manje ba yo pou kontwole derapaj

Rezolisyon kominote entènasyonal mande
Si n ta pale kou papa gede
Se yon kleren tranpe lyann bande
Si l pa fè n sou li kab fè n debonde

Konbyen fwa deja yo pran bon jan dispozisyon
Pou kite n apre ak pwoblèm san solisyon
Nan demagoji voye dividal misyon
Ki toujou vin kòmande n san pèmisyon

Pi bon rezolisyon pou n ta pran
Se kite tradisyon inyoran
Tankou moun je pete je drandran
Yo toujou ap mete nan de ran

KARAVÀN LESPWA

Karavàn lespwa se yon ti taksi rachepwèl
K ap charye lespwa revandikasyon tonton nwèl
Pou ba n bèl rèv gou lalwa pou siwèl

Nan panse n ap toujou devan depotwa
Yo vle sèvi ak pretèks mache nwa
Pou vin ba n pote yon lòt kwa

Avanyè yo te bann lavalas
Men yo pa reyalize alafen nou elas
Tèlman n bouke mande charite sou laplas

Chofè karavàn jounen jodi
Menm plimay ak zòt yo te chwazi ayè san redi
Pou jwenn ochan sou ka nou ki toujou nan di

Pou yon jou yo ta jwenn konfyans
Fòk yo ta montre yo pa nan mannigans
Nan kenbe tradisyon ki toujou ba n repiyans

Pou louvri yon vrè vàn lespwa
Yo ta dwe di nou lekòman ak lepoukwa
Lè koukouwouj yo toujou al kache nan bwa

Pou yon jou rèv lavi kapab fleri
Yo ta dwe pran tan ak konsyans pou chita ekri
Yon angajman pou pa janm trete n kòm malapri

Karavàn lespwa
Pa dwe wè n tankou bèf kabwa
Pou apre n fin travay di mennen n labatwa

Bon espwa ap soti nan reyabilitasyon zòn lakanpay
Kote majorite popilasyon n ap viv tankou zagripay
Nan mizè ak inyorans ki mete lespri yo anba pay

Li lè pou n chanje piramid la oryantasyon
Pou n kanpe pale nan yon lòt pozisyon
Nan yon karavàn ki dwe pran bon jan direksyon

TRANZISYON POU CHANJMAN

Konbyen fwa deja nou te nan tranzisyon
San nou pa janm rive chanje pozisyon
Sanble nou toujou ap fè kolizyon
Ak gwo fòs ki apre sa pase n nan derizyon

Yon bon tranzisyon pou ta mennen chanjman
Pa t dwe viktwa revandikasyon gwoup agranman
Sa ki ni yè ni demen pa p janm gen bon santiman
Alewè pou ta anbake n sou chimen devlopman

Bon chanjman se travay nèg ki gen brenn
Sa yo tankou zansèt nou ki te gen grenn
Ki te goumen ak fòs pou rive kase tout chenn
Esklavaj ak eksplwatasyon ki toujou ban n lapenn

Tranzisyon pou chanjman sou labanyè teknokrat
Toujou sanble ak kaka rat dèyè bwat
Pawòl bouch gonfle majò jon machwè chat
Ki pa t janm te konn met men alapat

Si w ta dekouvri sen Pyè pou kouvri sen Pòl
Fòk sa ta fèt nan yon bon mouvman kole zèpòl
San se pa kòm dabitid vye bri sou do kay tòl
Pawòl degrenngòch nan move radyo dyòl

Tranzisyon pou chanjman ta dwe yon revolisyon
Zewo tolerans pou tout sa k ap fè vye aksyon
Detèminasyon pou pran yon lòt direksyon
Ak devouman epi bon jan konviksyon

RACHE MANYÒK

Anvan Ti Jan t al chwe Nouyòk
Li te konn nan manifestasyon rache manyòk
Pou retire sou pouvwa sa k vakabon
Ranplase yo pa sa li kwè k pi bon

Pou chanje yon sosyete ki nan malsite
Li te konn fè bon jan piblisite
Pou yon militan ki te toujou fè bèl pwomès
Nan radyo ak bèl prèch nan lamès

Rache manyòk bay tè a blanch
Men yo te kite pou li yon ti planch
Mennen ale dwat pou Miyami
Nan yon peripesi soti jouk Jeremi

Rache manyòk san touye tiyogann
Tankou travay nan tè karyann
Se reyalize ak fyète miluisankat
Pou vin pran imilyasyon nan ane demilkat

Depi dikdantan lè n te sou lokipasyon
Gwoup mas popilè toujou ap fè aksyon
Kit se pou liberasyon
Oswa lòt kalite amelyorasyon

Gwoup lamas raman chita ak lelit
Ki trè souvan se kategori moun tilolit
Ki pa p janm kapab tolere chirepit
Manifestasyon alaso manman pa konn pitit

Nèg vanyan te fòme gwoup vanipye
Sa vle di gason ki pa t pè mache apye
Pou kapab yon jou rive devye
Plan zòt pou toujou kenbe yo anba pye

Soti nan kako rive nan pikè
Gwoup revandikatè toujou gen kè
Kit se zenglen oswa woulo konpresè
Mas popilè anchalè yo rele chimè

Rache manyòk bay tè a blanch
Men apre li dwe separe tranch pa tranch
Pou tout chemiz kapab gen menm longè manch
Anvan n rive layite sou do fè laplanch

LIDÈ POPILIS

Jou l te pran pouvwa
Ti papa te charye anpil espwa
Kòmsi l te ranpòte laviktwa
Sou tout lennmi ak fòs fènwa
Ki toujou trete lepèp tankou bèf kabwa

Li te bliye apre joudlan se lèwa
Nan tonbe chante kantamwa
Pretansyon revolisyon ak gwoup òlalwa
Li mennen anpil disip li labatwa

Li viktim anbisyon ak foli pouvwa
Nan panse tout moun t ap toujou bay lavwa
Pou kòz yo pa menm kapab di jekwa
Nan jwèt pokè yo pa menm fè pè wa

Menenjit fè l bliye pandan plizyè mwa
Ke ajisman anpil nan nou ti nèg nwa
Se pran pòz moun fou pou pa peye dwa
Toujou di nou pa t manje pwa
Nou pa p bay lapire lè l anba bwa

Jou yo fòse l di orevwa
Demisyone ak rèv li pou l vin wa
Se te yon fwa ankò yon lòt kout bwa
Ki voye yon towo vanyan sou glasi labatwa

Sitiyasyon yon wa ki pase sèlman sèt mwa
Ap dirije anba fado plizyè kwa
Pa vle di li pèdi laviktwa
Men senpman li te fè move devwa
Nan inyorans konsèy ak move kantamwa

Si n gade ankò yon fwa
Trajedi ti peyi n ki anba bwa
Nou kapab alafen pèdi lafwa

Kout bwa
Men nan machwa
Trajedi n nan pa kab jwenn dekwa

Echèk pouvwa
Echèk lafwa
Sitiyasyon fènwa
Nou sanble n pran nan twa wa

REFIJYE

Nan peyi Etazini noutout se refijye
Ki vin mande charite
Kay vwazen san n pa gen wonte
Ak lafwa nan swadizan verite

Nou tout se refijye
Men gen nan nou ki panse
Nou gen je pi klere
Kidonk nou pa p jebede

Nou tout se refijye
Men nou pa t travèse sou menm pye
Gen sa yo ki te vole anlè
Zòt te naje sou po vant nan lanmè

Nou tout se refijye
Men gen nan nou ki konn li gwo papye
Byen chita pou viv bèl ti vi prive
San makonnen nan relasyon ak sanzave

Nou tout se refijye
Ki ak lachte di yo pa kapab fye
Devan pòt lakay
Ki andegraba ak nan tray

Nou tout se refijye
Ki aplike pou ti moso papye
Pou rekonesans legal kay zòt kote n chwe
Pandan n kite peyi n ap echwe

Nou tout se refijye
Ki pa gen dyòl ankò pou babye
Litani mizè n ap pase nan peyi etranje
Paske bouch nou bouche ak anpil manje

Nou tout se refijye
Ke yo toujou ap mistifye
Kit nou se malere oswa gwomouche
Nan peyi zòt prèske tout tou n bouche

CHIMÈ DEMEPLÈ

Se vye sistèm sosyete alanvè
Depi dikdantan sou latè
Ki bay chimè demeplè
Nan yon peyi lanfè

Se vye sistèm kolonizatè
Ak move zak dappiyanp tantafè
Ki bay chimè demeplè
Nan yon peyi malè de koulè

Se move rejim eksplwatè
Anpil moun suiv kòm volontè
Ki bay chimè demeplè
Nan yon peyi san respè

Se move rejim palmantè
Gwoup magouyè ak ransè
Ki bay chimè demeplè
Nan yon peyi lavi di tankou fè

Se vye lidè kaminizè
Move anprè diktatè radotè
Ki bay chimè demeplè
Nan yon peyi sitirè

Chimè pa mechan malfektè
Ni yo pa bann jalou destriktè
Si ou wè kèk jou yo ankòlè
Ou pa ta bezwen pè

Yo se revandikatè
Ki menm jan ak zòt ta vle gade anlè
Kale je yo pou wè limyè
Lespwa lavi meyè pou pechèdlatè

Yo kraze brize fè malè pou n pran gou anmè
Paske tout gwo mouche granmanjè
Konesè entèlektyèl move edikatè
Mete yo aleka kòm dyèdyè enferyè

Toutotan w nan yon sistèm vann mizè
Kote kòm ipokrit w ap benefisye bèl longè
Y ap toujou la wè pa wè
Pou raple w yo pa bèkèkè

Yo toujou viktim koutgidon manipilatè
Ki wè nan mouvman yo yon bon afè
Men yo kwè nan yon rèv san delè
Yon jou petèt yo va wè klè

Men jou sa a se va ki lè?

ANALFABÈT PA BÈT

Analfabèt pa bèt
K ap aji kòm moun ki pa gen tèt drèt
Yo tankou chen k mode antrèt
Lè yo pran sezisman nan dlo frèt

Analfabèt pa bèt
Men nou pa janm limen yon grenn alimèt
Pou klere lespri yo ki nan retrèt
Pou se pa toujou yo k ap pouse bourèt

Analfabèt pa bèt
Men pa gen nou youn ki janm di mwèt
Lè se yo k toujou ap pran kout frèt
Tribòbabò nan men valèt ak nan men mèt

Analfabèt pa bèt
Sa k fè yo cho a toujou fè yo frèt
Apre nenpòt solisyon zòt pwomèt
Pou fè yo jwenn yon souf nan bwa kalimèt

Analfabèt pa bèt
Yo kab kenbe onètte san fè trèt
Lè pa gen kontmaltaye anba brèt
Pou anpeche yo wè sa k ap fèt

Analfabèt pa bèt
Men pa gen yon moun ki ta renmen fèt
Je pete klere tèt mazèt
Nan yon sosyete kote yo pa p janm alatèt

AYITIMANYA

Tragédie Tropicale

ANALFABÈT SE BÈT

Analfabèt se bèt
Zòt toujou kite ap pouse bourèt
Fè revandikasyon bay kout dwèt
Pou yo menm kapab toujou rete mèt

Analfabèt se bèt
Sinon n pa ta toujou sonnen twonpèt
Kantamwa pou jistifye pozisyon n alatèt
Kòm sèl dirijan mas ki kwè nan pwofèt

Analfabèt se bèt
N ap fè kwè nan levanjil jakorepèt
Litani manti ak lespwa tèt pa drèt
Kòmsi demen chalè doulè yo ap vin frèt

Analfabèt se bèt
Ki toujou ap pèdi tan mache fè kèt
Chache lavi nan ti gòdèt
San yo pa p janm jwenn yon byennèt

Analfabèt se bèt
Ki vle fè revolisyon ak matinèt
San konnen menm kout kanno ak mitrayèt
Pafwa pa solisyon pou detounen mannigèt

Analfabèt se bèt
Sinon n pa ta vle toujou rete nèt
Sèl kòk chante pou chita ba yo dèt
Fè yo pote fado tankou vye milèt

Analfabèt se bèt
N ap fè dòmi ak diskou lapè nan tèt
Pou yo toujou suiv nou kòm sèl mèt
Ak lespri yo antòtye nan bwa kalimèt

Analfabèt se bèt
Yon jou k ap kanpe kraze brize san regrèt
San gade dèyè pou mande nou remèt
Benefis lavi yo pèdi nan koken move jwèt

Analfabèt se bèt
Men jou va jou vyen kaka je pa linèt
Si nou toujou ap ba yo move kout boul bòlèt
Jou bon tiraj gwo lo ap fè n met men nan tèt

LIDÈ DIREKTÈ KONTWOLÈ

Depi Platon nou dwe site ak respè
Se filozòf entèlektyèl ak gwo diyitè
Ki ta dwe nan klas lidè direktè
Sou pwoteksyon sòlda lespri pa byen ouvè

Lide siperyè
Ki vle pou gen yon gwoup enferyè
Mas popilè ki pou suiv bèl limyè
Entelijans konesè
Toujou mete yon baryè
Devan kwayans tout moun gen menm valè

Li ranfòse kredo moun ki gen bon kè
Ki vle fè tèt yo pase kòm pwotektè
Ak sovè evanjelik tout sa ki nan malè
Gwoup enferyè bèkèkè

Yo trennen dèyè yo anpil sa ki kwè
Modèl pou chanje lavi se obeyi monpè
Bay lavwa pou referandòm diktatè
Priye tout jounen pou jwenn lapè
Met lafwa nan legliz ak sistèm palmantè
Oswa nan sa yo wè ki bon kontwolè

Sistèm lidè eskanmòtè
Kit se bondye monpè diktatè
Oswa sa k pase ak vwa elektè
Se eritaj temerè
Sosyete ki byen òganize pou bèbè
Sa k fasil pou kwè radotè blofè pwofitè

LAPÈ NAN VANT

Pou tout sa k gen gagann anpant
Men lapè nan vant
Konsolasyon lavi malsite
Tout sa k ap viv nan nesesite

Pou ti machann ki pa jwenn lavant
Ak pwofesyonèl san patant
Repo sitiyasyon dilere
Lakay tout vye malere

Pou sa k soufri maladi malvant
Men lapè nan vant
Diskou politisyen popilis
Ak valèt karaktè patatis

Men lapè nan vant
Pou woule boul madoulè monte pant
Refren gwo gagann dyòl anfle
Ki kite tyovi yo ap viv kon bonbonfle

Men lapè nan vant
Ak desè kafe k fèt ak pwapyant
Pou tout sa ki bezwen yon bon rezon
Pou toujou chita ap fè bèl orezon

Men lapè nan vant
Ak plezi rabòday bèl detant
Pou pa janm rive demaske
Vye vizaj madigra malmaske

Pou tout sa k gen gagann anpant
Men lapè nan vant
Fòkseli chenjanbe aleken
Tout vye pase bouch nan lari k fè kenken

Men lapè nan vant
Konsolasyon lavi malsite
Tout sa k ap viv nan nesesite
Moun pa vle jwenn sa yo merite

BRASÈ

Nan ensètitid sosyal peyi n ki pa bay lespwa
Pou tinèg pa nan mera epi pran nan twa wa
Oubyen pou l rive chante yon ti kantamwa
Souvan sèl chwa l se komèt zak òlalwa

Lè tè nou pa pouse okenn plant
Kite noutout ak gagann nou an pant
Anpeche lespri n jwenn okenn detant
Li klè pa p kapab genyen yon grenn antant

Lè se pa reyaksyon vyolans kòlè popilè
Akoz fristrasyon chimè demeplè
Anpil bije deside chwazi estrateji brasè
Kontmaltaye gwoup rakètè dekrasè

Lè yon sosyete pa gen estrikti ekonomik
Pou amelyore sitiyasyon pèp li ki kritik
Atitid jan l pase l pase ak tout move pratik
Vin tounen pi bèl kredo patriyotik

Brasè se lepèp lamizè fin depafini
Se jèn san espwa tout nanm yo fini
Se inivèsitè ki pa konn atik defini
Ak politisyen ki gen grif file tankou malfini

Brasè se fo konesè ki bije tounen toutis
Pou fè tout biznis ak mouvman patatis
San bon konpetans ni entelijans gwo atis
Pou yon plas sou podyòm gwo aktè ak aktris

Brasè se ougan ki pa kapab trase yon vèvè
Se palmantè k ap kenbe konstitisyon alanvè
Se bòlètmann k ap jwe de zewo ak revè
Ak travayè lavi ap fè monte yon kalvè

Brasè se manman anba sitiyasyon lavi chè
Ak papa ki kite metye l pou viv an demachè
Se flannè san demen ki chwazi vi karavachè
Se jenn fanm san avni ki oblije fè lafrechè

Move brasè pa janm pè move zafè
Okontrè yo toujou reziye yo sa l fè l fè
Apre yo komèt nenpòt zak atoufè
Rakèt move dil riz ak envokasyon lisifè

NOUMENM K AP EKRI

Noumenm k ap ekri
Fè yon jan pou n konn sa n ap di
Depi dikdantan n ap pwodui
Sanble n ap fè plis majigridi

Noumenm k ap ekri
Ki vle fè sa jouktan mayi mi
Sonje sitiyasyon an tèlman di
Sanble pa p janm genyen yon repi

Noumenm k ap ekri
Pou vann lide ak literati
Sonje tout sa yo ki pi piti
Literati pilonnen tankou pitimi

Noumenm k ap ekri
Veye sou sa n ap di
Èske se bèl diskou sezon fredi
Ki fonn kou bè sezon chalè san redi

Noumenm k ap ekri
Èske se literati pye kwochi
Zòt toujou mete nan bèl bwochi
Pou fè plezi entèlektyèl tèt blanchi

Noumenm k ap ekri
Sonje jounen jodi sa pi di
Pou n pa pwopaje diskou maladi
Epi fè l tonbe nan bouch timoun radi

Noumenm k ap ekri
Pou gani bibliyotèk ak bèl revi
Èske se koze kredi
N ap mache di soti dimanch rive samdi

Noumenm k ap ekri
Bèl levanjil pou voye moun nan paradi
Li lè li tan pou n sispann bay manti
K ap kontinye fòme move apranti

MEA CULPA MWEN REGRÈT

Mwen regrèt anpil
Jou m te pran egzil
Yon jan oswa yon lòt
Pou al viv devan pòt zòt
Redi chache lavi miyò
Anba endiyasyon vi andeyò

Mwen regrèt mwen pa t chwazi goumen
Patisipe nan batay anpil lòt ap menmen
Pou chanjman chimerik nan yon peyi tribilasyon
Tankou bèl ze kalanderik k ap pran lòt fòmasyon
Mete men ak konfrè m nan yon kòz ki pa n
Paske machin nou te genyen menm pàn

Mwen regrèt mwen te vire do ale
Geribosko m yon kote tout sa m kab fè se pale
Ranse elabore ak tèt repoze
Pandan m panse m ap di bon koze
Lè m ap bese tèt pou m reyalize
Rèv pèsonèl pou bay lòt kaminize

Mwen regrèt mwen vin adore bèl sivilizasyon
Kite kè m tonbe nan lanmou derizyon
Fanm etranje lajan etranje travay etranje
Ak konsyans mwen ki pa fasil pou deranje
Pandan m ap ede bati yon sosyete
Epi kite pa m nan salte

Si nan sa m posede mwen konn vle pataje
Se voye lajan lakay ak gwo sak manje
Tankou sa ta sèl kontribisyon pou ede bati
Yon peyi tout ayizan atizan l yo fin leve pati
Youn pa youn de pa de twa pa twa
Tankou bèf y ap menmen labatwa

Mwen reyalize gwo lajan sere labank
Pandan kèk nan fanmi m ap viv nan mank
Men m lè mwen ta genyen odas deklare
Pou m ta kapab pase pou je klere
Ke m pa t soti nan fanmi nesesite
Mwen pa p kapab di peyi m pa wayòm malsite

Mwen regrèt chak fwa mwen renye kilti m
Lè mwen refize di mwen se moun peyi m
Chache mete dekorasyon ak makiyaj zòt
Ki pafwa ta byen vle pranm ak kèk kalòt
Kòm malpouwont k ap trennen tribòbabò
Ki pèdi nan egzil tankou pitimi san gadò

Mwen regrèt anpil…

YON LÒT LIV YON LÒT ISTWA

Li lè pou n ekri yon lòt liv
Pou n pèmèt anpil lòt moun kapab viv
Li lè pou n chante yon lòt chanson
Pou n kapab rekòlte yon pi bèl mwason

Poukisa n pa kapab wè nan listwa
Moun pa janm kab konnen lepoukwa
Lekòman sitiyasyon kretyen vivan
Fè yo gen plis diyite lè yo de pye devan

Ak disiplin respè sou ban lekòl
Nou aprann doktrin gou dous tablèt lakòl
Ki fè nou kwè inyorans moun san edikasyon
Eksplike rezon ki fè lavi yo nan tribilasyon

Yo fè nou kwè nou siperyè
Tout sa k pa t pase nan menm filyè
Avèk nou yon jou pou ta wè limyè
Kidonk pou sa nou ta dwe byen fyè

Men nou dwe admèt nou se pwofitè
Lè n ap konpare n ki jwenn boustè
Ak zòt yo menm ki amatè
Ki pase tout vi yo ap dòmi atè

Si jounen jodi n kanpe sou de pye militè
Se paske sosyete n deklare fòfè
Sou anpil lòt pou n kapab vin bitè
Nan match kote jwè koken tounen atoufè

Li pa serye pou n ekri di n meyè
Okenn moun ke nou vle gade dèyè
Kit se Gwojan Tiselin oswa Tipyè
Paske nou te jwenn benediksyon monseyè

Li lè pou n ekri yon lòt liv
Pou n pèmèt anpil lòt moun kapab viv
Yon nouvo kourikoulòm pou pi bon edikasyon
Kote gwoup lepèdan rive konprann tout aksyon

Li lè pou n ekri yon lòt istwa
Ki pa menm ak sa yo konn fè n resite nan fè nwa
Yon lekti ki pou elabore yon nouvo kredo
Pou fè nou sispann mache pa do

OPERASYON LIBÈTE 2004

Apre yon santnè revolisyon
M on ane abominasyon
Lè on swadizan lame kowalisyon
Pote boure ak fòs devastasyon
Pou laji zèl dominasyon
Sou ti peyi n san kondisyon

1804 Ayiti jwenn solisyon
Kase chenn lesklavaj ak okipasyon
Pou bay egzanp jan yon pèp ak konviksyon
Kraze baryè rejim imilyasyon
Pou met kanpe premye nasyon
Ki bay fyète ras nwa bon jan jistifikasyon

2004 gen yon lòt sitiyasyon
Grif malfini kraze enstitisyon
Komite jeneral tout nasyon
Meprize vwa revandikasyon
Pou tabli sistèm okipasyon
Sou ti kanton ki san jiridiksyon

Nenpòt peyi pou l jwenn liberasyon
Tankou Ayiti n ap bay yon sijesyon
Pa pè lanmò ni fòs malediksyon
Kanpe goumen ak zam detèminasyon
Bliye mizè soufrans tribilasyon
Kanmenm yon jou n ap jwenn yon solisyon

Noumenm ki te bay egzanp
Gason kanson ki gen bon jan eskanp
Ap toujou kapab monte tout ranp
Paske yon fwa ankò nou dwe limen tout lanp
Klere je n ak redi janm nou ki gen lakranp
Byen gade epi kenbe bab nou alatranp

GNBIS PATATIS

Nan peryòd anvan 29 fevriye demilkat
GNBis te montre yo pa t deside pèdi lakat
Nan fè yon gwo kowalisyon opòtinis
Pou te mete atè yon gouvènman popilis

Nan mwa fevriye demilsis
Lè tout bon nan won pèp la di yo pa p sis
Nou pa wè yo nan okenn manifestasyon
Pou kanpe ankwa devan magouy nan bon eleksyon

Sanble atitid tout mouvman GNBis
Se inikman aksyon patatis
Ki pa gen reyèlman yon vizyon nasyonalis
Sinon ede reyalize pwojè peyi enperyalis

Zòt ki te ba yo non opozisyon tizuit
Sanble l te konnen sa ki anndan koki zuit
Paske lè yo bezwen konvèti vwa pou vin vòt
Rasanblaj koki pa rive bay anpil nòt

Manifestasyon vrè mouvman aktivis
Pa dwe sou lobedyans okenn ti arivis
Ki pa mache ak revandikasyon popilè
Lè nou tonbe anba entèvansyon militè

GNBis ki vle bouche tou pou touye rat
Ap reyisi sèlman voye Sisewon al bwachat
Paske majorite pèp ki kontinye ap viv nan redi
Ap toujou jwenn boustè pou konbat tout vye maladi

Jou pwoletè ak boujwa ta vrèman ini pou yon menm kòz
Aristokrat pa ta janm kapab rive dòmi kè pòpòz
Etablisman tradisyonèl ki toujou ap kontwole pouvwa
Ta p bije di tout move zak eskplwatasyon orevwa

GNBis ak tout lòt eksplwatè eskanmòtè
Ap toujou bay machin revolisyon popilè pàn motè
Kidonk fòk revandikatè pou bon jan chanjman
Kapab rive idantifye tout woulibè koulè agranman

ANN SISPANN RANSE

Jan nou panse
Sitou nan ti peyi n ki mwen avanse
Sanble tèt koupe ak moun ki ap ranse
Tèlman se yon resous ki mal depanse

Nou leve danse
Depi mizik koumanse
Nou plede tyanse
Nan konprann n ap pale Franse

Jodi nou fè revolisyon
Pou tonbe demen nan abominasyon
Kòmsi pa janm kapab gen solisyon
Pou yon si senp sitiyasyon

Nan bèl eleksyon nou vote bondye
Men pi devan nou toujou pran kout pye
Kòm si nou se gwoup pèp refijye
Sou yon teritwa nou ta dwe pi fye

Nou sèvi sa n pa wè nou sèvi lwa
Men nou toujou pote labanyè lafwa
Zòt mennen ba nou sou fòm yon kwa
Pou pi devan lage n nan fènwa

Nou pa vle separe
Sa n te met tèt ansanm pou prepare
Nou kanpe karebare
Ap trese pwòp kòd pou kenbe nou mare

Nou di nou renmen peyi n sensèman
Men nou tout se vye agranman
K ap chanje koulè depaman
Sou tè zòt tankou moun san santiman

Ann sispann ranse
Mache di n se bon jan kretyen de bra balanse
Lè n pa menm kapab rive fè peyi n avanse
Epi toujou nan vye politik ap manniganse

SOLISYON MALSITE

Mizè dilere sosyete soudevlope
Se sitiyasyon peyi yo fin anvlope
Kote bourik travay chwal galope
Epi mas popilasyon fin tounen zopope

Reyalite depaman
Peyi ki an mal soudevlopman
Sanble mande operasyon chanbadman
Tankou reyaksyon gwoup san manman

Menmsi bon jan solisyon malsite se pa separe
Egalego tout byen ak richès karebare
Fòk nou ta kanmenm gen kouraj prepare
Yon plan pou pàn motè malere kapab repare

Si modèl gwomouche nan filyè kapitalis
Se lèt ak sitwon anfas tout pwojè nasyonalis
Anpil demach ak mouvman popilis
Toujou bay yon nasyon maladi sifilis

Nou ta pito bezwen yon apwòch pwogresis
Yon melanj kapitalis ak teyori maksis
Sizonnen ak bon jan ideyal sosyalis
Pou kwape tout vye anbisyon patatis

Olye n ap ekri bèl tèks powetik
Sa k fè n pa chache fè yon dyagnostik
Pou konprann kisa ki fè sitiyasyon n kritik
Pou adopte yon bon jan sistèm politik

Sa k fè n pa reyalize ke egzanp gwomouche
Pa p janm ba nou lajan pou n ale nan mache
Ni ede n menm si se ta sou yon fòm rabache
Idantifye nan tè n vye manyòk ki merite rache

Pran konsyans nesesite sakrifis annijans
Revolisyone sistèm edikasyon n ki an dekadans
Pou fòme sitwayen ak lòt lespri lòt kwayans
Ki kapab negosye ak lennmi ak fyète epi konpetans

Chache wotè dyakout nou kab rive san babye
Pou chak moun jwenn yon kwòk pou met pa l pandye
Konsanti yon pwogram byen ekri sou papye
Kote chak depatman gen yon modèl pou mete l sou pye

Chak nan komin yo ta dwe merite
Bezwen debaz ki karakterize yon minisipalite
Si l pa gen resous ak byen li kapab pwodui
Devlopman pwojè touris kapab ba l yon randui

Pou jwenn lòt resous ak mwayen finansman
Fò n bay machin pwodiksyon n yon lòt aliman
Kontwole trezò piblik kont maladi ekoulman
Pou eritye n kontinye bati apre nou san ratman

Men pou sa nou bezwen dabò yon antant
Pou sitiyasyon politik nou jwenn yon detant
Paske solisyon malsite ti peyi soudevlope
Se pelerinaj san fen pou pa ret kou zopope

Nou dwe pran tan kreye kondisyon pou fè n avanse
Pran egzanp peyi ki avan nou te deja kòmanse
Mete baz pou ekonomi yo kapab relanse
Ak estrateji konsesyon byen balanse

Sa ap mande pou nou byen jere
Resous nou ki deja pa an grann kantite
Pran mezi serye pou evite gaspiyaj
Ak kontwole granmanjè ki renmen fè piyaj

Leta ta dwe mete sou pye yon nouvo griy salè
Ki pa pèmèt zòt vin twò rich ak bati gwo palè
Benefis sa pote nan bidjè a ta dwe redistribiye
Bay sa k gen nesesite ki pa menm kapab abiye

Nou dwe byen klè kapab vilgarize
Yon plan global pou n reyalize
Ak angajman pou chanje tout vye konpòtman
Ki fè tout tan nou toujou nan rekòmansman

KOKORAT

Yo toupatou andedan kay
Ou jwenn anpil tou anba pay
Yo pa manke gaye sou laplas
Ak tout kote ki gen anpil kras

Kokorat se bèt fènwa
Ti sanfanmi nan lari sosyete ap bay kout bwa
San lavi san avni k ap dòmi sou beton lanfè
Ti chimè viktim sitiyasyon lavi fè koupe fè

Tout sa n fè se kaka rat dèyè bwat
Ke n vire agoch oswa vire adwat
Yo toujou la pou kontinye bay chalè
Nan tout ri sou boulva ak menm devan palè

Kokorat se bèt ensiyifyan
Pou zizipan yo ta merite detwi ak pwazon vyolan
Sanzave palave ki toujou ap pote move imaj
Vye espès degoutan yo ta dwe nwaye nan marekaj

Yo ta kapab tounen fòs revolisyon
Si yo te byen wè sitiyasyon
Lavi yo ki chak jou nan imidite mizè
Fè yo toujou ap chache midi a dezè

Kokorat se bèt ki pwopaje kou grenn lapli
Yo merite pou ta resevwa yon bon pli
Bon eskanp pou bay sèvo yo edikasyon
Olye mepri move tretman ak eksplwatasyon

KIDNAPING

Lè vye brasè pa jwenn kote pou l fè lamama
Epi kafe move raketè kòmanse koule ak ma
Lè lòt malvèzasyon pa kapab bay randman
Malveyan bije tounen kidnapè san manman

Yo tann nas toupatou pou kapab pran nan pèlen
Moun ki bliye kò yo nan mache je fèmen
Ki kapab kolekte pou jwenn anpil lajan pou peye
Lè vi yo menase nan trajedi dappiyanp malfektè kreye

Sanble se yon mòd piske kay vwazen nou Jamayik
Yo fè konnen sitiyasyon sa a vin yon reyalite efrayik
Kote moun ap mache kè sote lannuit kou lajounen
Ak laperèz pou chalan pa bwote yo sou gran chimen

Sitiyasyon kriz jeneral nan peyi san òganizasyon
Ak politik degrenngòch dirijan politik san imajinasyon
Bay yon anviwonnman favorab pou tout move aksyon
Pandan otorite leta pa menm kapab fè okenn reyaksyon

Yon peyi jounen kou lannuit moun te konn domi pòt ouvè
Fè bon rèv wololoy pou jwenn boul bòlèt ak revè
Nan peryòd jounen jodi li vin tounen yon zòn lanfè
Kote nan chak kafou moun pè rankontre ak tantafè

Gen moun ki di yo ta dwe pann sou plas piblik
Tout kidnapè k ap opere sou teritwa larepiblik
Men kisa n ap fè ak sa yo ki opere san pran otaj
Ki toujou ap detwi peyi n nan vye politik radotaj

Se vre menm nan peyi ki pi byen òganize
Moun fristre ak lespri deranje toujou fè kaminize
Bay gwo panzou zak malveyan oswa anlèvman
Sepandan lalwa toujou mande yo regleman

Lakay nou sa tounen yon enstitisyon
Yon mwayen sivi pou bay moun okipasyon
Kit se pou presyon politik oswa pou fè gwo lajan
Règlemandkont pou rezoud tòchon sal ant Pòl avèk Jan

Solisyon pou lapè nan yon sosyete chita sou bon baz jistis
Yon kontra sosyal pou respekte dwa moun san koze patatis
Pou toujou reyisi bòne eksè sa ki vle pote chanbadman
Nan ranfòse enstitisyon sosyal anba bon jan kòmandman

HAÏTIMANYA: TRAGÉDIE TROPICALE

AYITIMANYA: TRAJEDI TWOPIKAL

Catégorisation du Livre: AYITIMANYA: Tragédie Tropicale

	CATÉGORIES
	Bilingual : (English / Creole) - Bileng: (Anglè / Kreyòl)
√	Bilingue : (Français/Créole) – Bileng: (Fransè / Kreyòl)
	Bilingue : (Français/Englais) - Bilingual (French /English)
√	Conjoncture / Konjonkti / Conjoncture
	English / Anglais / Anglè
	Fiction / Fiksyon / Fiction
	Français / Fransè / French
√	Haïti
	Kreyòl / Créole / Creole
	Monde / Mond / World
	Philosophie / Filozofi / Philosophy
√	Poésie / Poetry / Pwezi
√	Politique / Politik / Politics
	Prose / Pwoz / Prose
√	Société / Sosyete / Society
	Trileng (Fransè / Anglè / Kreyòl)
	Trilingual (French / English / Creole)
	Trilingue: (Français / Englais / Créole)
	Variétés / Varyete / Variety

Productions PerleDesAntilles – Ouvrages Du Même Auteur

Publication actuelle :

√ **AYITIMANYA : Tragédie Tropicale** (Novembre 2009)
Ayitimanya : Trajedi Twopikal

A paraître :

- Peines D'une Tragédie : 12 Janvier 2010 (Janvier 2011)
  Lapenn Yon Trajedi: 12 Janvye 2010
  Pains Of A Tragedy: January 12, 2010
- MANIFESTE : Défis A La Nation Haïtienne (Mars 2011)
- PHANTASMES : Aphrodite En Do Majeur (Juillet 2011)
- SPÉCULATIONS : L'Homme, Dieu, La Vie, Le
  Monde Et La Société
- FANTASMES : Les Nouvelles Floraisons
- HAÏTIMANYA : Les Exils De Misère
- Ti Paris : Twoubadou Nasyonal
- Brevyè Yon Patriyòt
- Pèsonaj Sixto Pèsonaj Ayiti
- Des Mots Et Des Pensées
- For The Family And For The Friends
- Ainsi Va La Vie
- Manno Chalmay : Loray Kale Chante Revolisyon
- Prezidans Mateli Ayiti : Lepoukwa, Lekòman…
- PAWOLI
- Haitians In The Diaspora : The Reverse Trip
- Motives For Pride: Haitians In The Diaspora